ÉTUDES

ET

SYMBOLES.

ÉTUDES

ET

SYMBOLES.

IMPRIMERIE DE E. BRIÈRE, RUE SAINTE-ANNE, 55.

F. Alphonse.

ÉTUDES
ET
SYMBOLES.

LEDOYEN, LIBRAIRE,
PALAIS-ROYAL, GALERIE D'ORLÉANS, 31.

1841.

Ce petit livre n'est proprement dit que le préliminaire d'un livre. L'auteur, qui est jeune et laisse se développer en lui une grande pensée, afin que cette pensée s'établisse au jour viable et complète, y préside nuitamment par des Etudes poétiques, et ce sont quelques unes de ces pièces qui se trouvent ici rassemblées.

ÉTUDES ET SYMBOLES.

C'est-à-dire — la double appréciation des choses contemplées. Le récit de l'objet, le sens qui s'en détache; l'analyse du fait, l'élément qui en jaillit. Cet élément, ce sens, — ce rapport, cette fin, — c'est tantôt l'espérance, le plus souvent le conseil, en tous les temps la foi. C'est surtout et avant tout la présence de Dieu, l'incorruptibilité de l'esprit, la grandeur de l'homme — retirée même de la misère de l'homme. C'est cela d'abord: Dieu et l'humanité. Puis ensuite l'art; ses phases, ses allures, ses déviations, sa puissance — et son bonheur.

Ces pièces donc, d'ailleurs éparses et vagabondes, marquées de différentes dates et d'une diversité grande d'aspects, peuvent annoncer, déjà, par le caractère de leur ensemble, la pensée de celui qui les a dictées, et voilà pourquoi il a tenu tant à les réunir.

Maintenant le livre n'existe qu'à l'état de préliminaire; l'auteur ne devra demander pour lui que ce que le symphoniste qui prélude peut attendre de son auditeur — même le plus bienveillant: un peu d'attention, et, — s'il se pouvait, — quelque sympathie.

Janvier 1841.

ÉTUDES
ET
SYMBOLES.

A VICTOR HUGO.

Un seul morceau d'annonce avertit la pensée
Qui voudra bien venir consulter ces récits,
Quel esprit isolé, quelle âme un jour blessée
Cherche ici bas un sens de tous les faits saisis ;

Or, pour dire en un mot quelle phrase exercée,
Quel final rigoureux, quel déploiement précis
Ont servi de conduite à cette œuvre annoncée,
Votre nom devant tout au regard est assis.

O Maître, votre nom, par lui seul un symbole,
Par lui seul résumant la splendide parole,
L'idée éblouissante et la vive raison !

Ce dont l'esprit se guide en sa nuit studieuse,
C'est de votre œuvre haute, auguste et radieuse ;
Et devant la sienne humble il inscrit votre nom.

Novembre 1840.

DU POÈTE A LA MUSE.

Votre main dans ma main et mon pas près du vôtre,
Heureux par ce soleil qui nous rend l'un à l'autre,
    Tout ce jour-ci nous avons lu.
Sur la colline où dort notre sœur bien-aimée,
La sève au front de l'arbre éclatait, comprimée,
    Ses jets noueux trempés de glu :

— « O les rêves sortis après un temps d'entraves,
Informes, vous percez! trop pleins, fiévreux et hâves!
Pour briller libres fleurs attendant l'air plus chaud! »
Du rond-point, couronné des feux de cette aurore,
Un peuplier montait, sans nulle feuille encore
Que des germes s'ouvrant baisés dans le plus haut :

— « Désirs échelonnés sur l'arbre de la vie!
Vous qui d'abord jouez, dorés à votre envie,
    C'est vous qui cherchez Dieu, que vous! » —
Au tertre sablonneux éboulé par vingt pentes
Des plantes d'un vert cru, vivaces et grimpantes,
    Se tordaient sous nos pas jaloux :

— « Et comme, sans dangers des foulures amères,
Tous, comme nous ancrons nos plus vertes chimères
Au terrain le plus âpre, au sol le plus mouvant! » —
Autour d'une croix noire un chèvre-feuille en germe
S'enlaçait, pour ouvrir, une fois à ce terme,
Ses rameaux embaumés au front du Dieu-vivant :

— « Oh ! que prenant appui du pilori suprême,
Mon âme à son sommet, forte sur elle-même,
    En fleurs venait s'épanouir ! »—
Non loin du pauvre enfant dont Dieu fleurit la crèche,
La chèvre du gardien mordait à l'herbe fraîche ;
    Le chevreau de se réjouir :

— « Broutant l'herbe des morts, que j'y puise la vie !
Que j'exprime le lait aux faims de mon envie,
Moi lèvre de celui qui garde un ciel d'élus ! » —
... Ainsi nous nous disions ; parcourant la colline
Jusqu'à l'heure empourprée où le cyprès s'incline,
Voilà tous les tableaux que nos regards ont lus...

C'est le couchant ; là bas, d'entre les murs arides,
Du front d'un âtre en feu, vapeurs voilant ses rides,
    Une fumée ondule aux yeux ;
Elle monte, et bientôt perdue aux rives calmes,
Transformée en sa route — ondes, aigrettes, palmes,
    Elle devient l'azur des cieux !..

Ame! et moi, je vous lis: — Perdu dans ces murailles,
Les désirs se tordant au cœur de mes entrailles,
J'élève des pensers funèbres et brumeux;
Ils montent, et bientôt changés de leur nature,
— Guirlandes, fleurs oiseaux, — courent à l'aventure,
Noyés dans vos rayons, et splendides comme eux!

Avril 1839.

LA SOURCE.

Ils soupiraient, hélas! tous trois navrés dans l'âme;
Tous trois, les fiers esprits, se plaignant de ce temps:
De l'obstacle livré pour empêcher la flamme,
Du peu d'aide apporté devant qui se proclame;
Du dédain, du mépris, — et des cieux excitans.

— « A quoi sert, ô mon Dieu, cet orchestre sonore
Qui déborde de moi! » disait le chef des chœurs;

« Ce prisme qui m'emplit des lueurs de l'aurore,
Mes chants! » pleurait le peintre ; « et cette ardente amphore! »
Le poète criait... — Hélas! trois tristes cœurs!

Chacun d'eux, fronts touchés des rayons de la grâce,
Au regard de l'affront qu'on leur sait susciter,
Se prenait à gémir sur son nom, sur sa race ;
Pensant que, puisqu'ici l'entrave le terrasse,
Le génie, éclair vain, avait tort d'exister.

Lui qui les écoutait, cœur rempli de clémence
Et que si peu d'amour a pourtant relevé ;
Lui sans aide bien grand à son désir immense
Et qui pourtant jaillit, essaie et recommence
De ce flot souverain qu'un jour il s'est trouvé ;

Lui qui les écoutait, il se prit à sourire,
Et de ce mal encor qu'il étouffe en secret.
Car, ô Dieu bon, ce sens qu'en l'homme sait inscrire
Votre bonté, ce sens, doit-il pas se prescrire
Qu'il s'étende toujours même en l'ombre soustrait?

Il leur dit donc, prenant en pitié leur souffrance :
— Mes amis, poursuivez, persévérez toujours.
Voyez-vous cette source où le ciel d'espérance
Se montre en son miroir de riche transparence,
Qui va sous le soleil paisiblement son cours?

Elle fuit, suivez-là, tout à la fois superbe
Et timide sous Dieu d'après l'impulsion.
Ronces, cailloux, gravier, ou feuillage, ou vive herbe,
Elle s'écoule, et porte en s'écoulant le verbe
Qui prête et rémédie à la création.

Un mur interposé d'aspérités tranchantes
Se rencontre parfois, parfois un pan de fer :
L'onde passe, elle fend les entraves méchantes,
Et les use en passant de ses lèvres touchantes
Qui n'ont qu'un doux baiser pour tout obstacle offert.

Aura-t-elle un lit pur, un fond libre, un cours stable?
N'importe! elle s'élance au-devant de sa loi.

*

Le refus l'enhardit, elle tant irritable.

Marche! le temps est fort, le seigneur charitable:

Marche! tu te pressens les fins de ton emploi.

Marche! entre ce granit si dur à toi, grondante,

Mainte mousse sera que tu verras perler...

Pour ton toucher humide, une prunelle ardente!

Reçue ou détournée, en tes pas fécondante,

Nul ne peut refuser que tu puisses parler.

O mes amis, nul corps rebelle à son instance

Ne peut l'empêcher d'être, au moins, ce flot divin.

Qu'il soit nié du point qui lui fait résistance,

Il existe, et le prouve ouvrant de persistance

Ce marbre enraciné qui le rejette en vain!

Amis!.. oh! cherchez donc, persistez donc sans cesse!

Sans effroi du danger, sans égard au rebut.

C'est en se refermant que plus fort on se blesse.

Flot gardé rompt le cœur, il mord qui ne le laisse:

Laissez-le, plus croyant, sans regarder le but.

A tous les points offerts, essayez un passage,
Ce côté reste sourd? retournez-vous ailleurs,
Ce n'est pas là l'envie, et la verge du sage
Ne vous frappera point d'ouvrir à votre usage
Le rang des cœurs taris que vous rendrez meilleurs.

Allez, ô mes amis! Attaquez-vous encore
A tous les mille endroits qui vous offriront jour.
Peintre, votre ruisseau tient l'éclat qui décore;
Musicien, le son qui fait rendre sonore;
Poète, la clarté qui murit, tous l'amour!

Tous l'amour!... Allez donc. — Au regard de Dieu même,
Épanchez sous chacun le sens qui gronde en vous.
De préférence aux lieux où déja l'on vous aime,
Mais partout et pour tous ce murmure suprême
Refusé par instans, en d'autres trouvé doux.

Ne dites pas, ô forts, qu'il est par trop d'entraves,
Par trop d'empêchemens pour un divin envoi;

Allez d'un cœur serein, d'une foi ferme, ô braves !
Tel esprit autrefois barré de haines graves
Qui s'écoule aujourd'hui d'un cours que chacun voit.

Puis, vous en souffrirez ; l'oubli prendra le fleuve,
L'oubli d'abord pour lui de lèvres si pressé ;
Vous pourrez même encore, ô mal qui vous abreuve,
Mourir sans l'avoir vu cherché d'une âme veuve !..
Eh bien ! soit, vous mourrez : le flot sera versé.

Le rocher musculeux qui l'avait en son ventre,
Ce trésor fécondant pour les âges livré,
Sera tombé, comblé, refoulé jusqu'au centre :
C'est bien : l'esprit enfui du mystérieux antre
Se distribuera libre au regard enivré.

Et c'est là le seul but, la seule fin, ô frères,
Qu'il doit se proposer ancré sur ce bas lieu ;
Reverser sans souci des traverses contraires
Le sens qu'il s'est choisi des cieux non arbitraires ;
Chercher et féconder, — et se fier à Dieu.

        Juin 1840.

LILAS-CROYANCE.

Suave à l'âme un instant rajeunie,
Si le parfum de ton obscure fleur
Monte à la nuit d'orages rembrunie,
Tout comme aux feux qui trempent sa couleur;

Si dans la nuit ta fleur que l'on devine
Embaume l'air d'un odorant frisson,

C'est que tu ris à la bonté divine,

Même en la nuit, doux Lilas, noir buisson !

Sombre, tu tends un sens dont on s'enivre,

Les cœurs pieux... — Ma foi ! c'est vous, hélas !

D'un noir feuillage, y sent-on haut revivre,

Des fleurs qu'à Dieu vous entr'ouvrez d'en bas !

Mai 1839.

RÉVÉLATION DE L'ESPRIT.

I.

Parfois, dans le travail que remplit la pensée,
Au bout d'un certain temps d'une joûte exercée,
La tête se saisit d'un sourd relàchement
En lequel tout s'abîme et fuit confusément.
En vain l'œil se referme et le front se rehausse;
La parole en suspens sonne étrangère et fausse.

L'idée attaque encore au céleste clavier ;
La note qu'elle émeut ne fait que dévier
Et vous met en humeur de sa voix discordante.
Cependant vous voulez ; votre instance imprudente
Exige avec rigueur et conjure à tout prix.
L'œuvre est en tel chemin ! tant de motifs surpris
S'épandaient, tout à l'heure, en grappes balancées !
L'ouragan du dehors, les vitres offensées,
Le froid vif introduit, votre corps mal debout,
Ont bien pu, ce vous semble, être cause de tout :
Erreur, aveuglement. La fenêtre mieux close,
Le calme rétabli, le corps d'une autre pose,
Rien n'en vient plus ; toujours vague et confusion ;
Forcé de mettre un terme à l'excitation ;
Et vous comprenez bien, à cette heure qu'il erre,
La présence de l'hôte actif et tutélaire
Que Dieu scelle dans l'homme et qu'au front il inscrit :
Étincelle, rayon, feu que l'on nomme — Esprit.

Sagesse de tout temps ! révélation sainte !
Puissance encore visible en la retraite ceinte !

Ainsi vous présidez ; vous l'enfermez en tout,
Cette divinité libre de notre joug!..
Et vous créez qu'au fond de sa misère même
L'homme trouve le fait de sa grandeur suprême !

Février 1840.

GLOBES, CERCEAUX ET BALLONS.

La maison est charmante et la terrasse est vaste.
Au pied des contre-vents de riches espaliers;
Aux rampes du perron une guirlande chaste;
Au rebord des degrés des vases de grand faste;
Épars sur tous les points de joyeux écoliers.

La vigne enfle sa grappe et le pêcher sa pêche;
Le chêvrefeuille fond sa palme en le soleil;

Le cactus étoilé perce l'air de sa flèche ;

Et, par cette nature ardente, forte, fraîche,

S'ébat le ride frais du bel âge vermeil.

—Fronts naïfs! Les plus grands vont fouettant dans l'espace

Quelqu'énorme ballon ferme et bariolé ;

D'autres un cercle haut qu'un rang de cloches passe

Et qui court se sonnant une cadence basse ;

Ceux-là, maint souple liège en rosace stylé.

Les plus petits, là haut accoudés sur la rampe,

Mêlent à ce concours d'autres envois joyeux ;

Dans le vase mousseux une paille se trempe

Qui, portée à leur bouche, éclot le globe où rampe

Un horizon empli de reflets merveilleux.

Globes, cercles, ballons, se croisent sous la voûte

D'où tombent les clartés des sphères que tient Dieu ;

D'où perle la rosée et d'où la pluie égoutte ;

Les enfans sous le ciel épandent par la route

Leurs mondes que l'esprit confronte de son lieu.

Ils vont, et moi je dis, rêveur parmi leurs rires :
— O charmans petits nains ! sillonnez le trajet ;
Emplissez cet espace et de points et d'empires,
De mondes en danger qui ne sont pas les pires,
L'un détruit en son cours, l'autre à son premier jet.

Lancez tous ces jouets que votre enfance heureuse
N'appelle pas d'un nom ambitieux et vain !
Un jour, livres, travaux, — globe plein, bulle creuse,
Lancés par votre main sous l'arche aventureuse,
Ne seront pas suivis de cet accord divin !

Ces œuvres de l'esprit écloses par l'étude,
N'iront pas sous le ciel d'un écho si joyeux !
L'une d'elles, couvée avec sollicitude,
Viendra tout bas s'éteindre en quelque solitude ;
L'autre sera réduite en lambeaux sous vos yeux.

Essayez, ô mes cœurs, sous Dieu, faibles infimes,
Essayez votre force à ces jeux vos amours ;

Un jour, vous vous prendrez à des mondes sublimes ;
Et souvenez-vous bien que Dieu, roi sur les cimes,
En roule un sous le ciel déchiré tous les jours.

Juin 1840.

D'UN PONT.

Amis! tel pont jeté de l'une à l'autre rive
Ouvre au passant vulgaire un paradis rêvé;
Même avant qu'à ce but le pas humain arrive,
Se voit, par le trajet, un spectacle achevé:

Le ciel fuyant attire à l'oasis future;
Mainte île se repose au cours des vives eaux;

L'homme est peut-être loin, mais Dieu, l'art, la nature,
Font tant rêver l'esprit qu'il peuple ces tableaux ;

Or, ce pont qui soumet de riches perspectives
En faisant aboutir à des réels charmans,
Dont s'abrège le mal par les arches hâtives,
Ne reçoit qu'avarie et que morcellemens :

— Architectes divins ! voix désintéressées !
Votre œuvre, c'est le pont jeté pour réunir
D'où le vulgaire oiseux retrempe ses pensées
Et par lequel lui vient se livrer l'Avenir.

En faisant devancer pour les âmes peu sûres
Ce domaine lointain du présent aperçu,
Tend-elle son secours aux vaines meurtrissures
Du pas qu'elle prépare et pousse à son insu.

Août 1839.

RÉVÉLATION DE L'ESPRIT.

II.

Long-temps par les chemins, les ravins, les montées,
Ses hardes par la pluie et l'orage fouettées,
Les pieds à tous les coups déchirés et meurtris
Dans sa chaussure pauvre, enfin n'ayant rien pris,
Rien depuis le matin qu'il s'était mis en route,
Léger d'un verre d'eau desséché d'une croute,

Il avait voyagé. — Seul, six heures durant,
Il s'en était allé bohémien errant.
Laissant crier en lui la faim, dûre, exigeante;
S'abreuvant à plaisir de l'onde divergente;
Ne prenant nulle garde au gravier du chemin :
Plein d'un oubli profond quant à son être humain;
Se souciant fort peu de la nature brute,
Pourvu que celle-esprit dans sa marche recrute
L'aliment qu'à toute heure elle cherche en tout lieu;
    symbole, l'   , autrement dire, — Dieu.

Cependant arrivé près de cette cabane
Qui des filles de juin follement s'enrubane
Jusqu'au mur de clôture entrevu du sentier,
La fièvre, maître alors, le tenait tout entier.
Entré, s'étant assis, les membres mis à l'aise,
Ayant rejeté là ses sandales de glaise,
Et ne conservant plus que son linge imprégné,
Tout son corps frissonnait du délire gagné.

Devant lui, vers le fond de l'allée arrondie
Où la pluie à ruisseaux courait en étourdie,
Coulant la grappe, et là dévidant les barreaux,
Une statue était, qui, prise en les sureaux
Enchevêtrés touffus autour de sa stature,
Décélait sa présence en masquant sa nature.
L'œil la pressentait bien, sans bien la définir.
Elle était. — Les rameaux n'y pouvant plus tenir,
Fatigués à la fin de cette ondée intense
Qui faisait refouler leur aqueuse substance,
S'abaissaient, palpitaient. Au fond du bosquet noir,
Ce corps comme feuillu qu'on pouvait concevoir,
Battu par la tourmente acharnée à ses trousses,
Rejetait devant lui ses tiges demi rousses,
Ruait sur le treillis ses membres châtiés ;
Frappait, pleurait, sifflait, tordu d'inimitiés.
Et tandis qu'au dehors se faisait ce ravage,
Que l'extérieur vu de ce buisson sauvage
Se torturait ainsi malheureux et pressant,
Au cœur pouvait-on voir un être éblouissant,

Un sourire resté d'un calme ineffaçable,
Un rayonnement vierge en charme intarissable,
Qui, tempête ou soleil, annonçait qu'aussi pur
Il savait se garder enfermé dans son mur.

Il le voyait, lui, mort, brisé par l'enveloppe
Et qui de si grand cœur à tout chemin s'écloppe!..
Il le voyait, lui vide et criant de la faim!..
Et certes sous le choc de ce combat sans fin,
Plus faible à chaque instant dans son réduit minable
Du pain dont le sevrait l'orage interminable,
Implorant que l'azur sur le ciel reparût,
Dans le vœu plus pressant de son besoin accru,
Sous le mal, la douleur, derrière la souffrance,
En dehors de l'injure, une blanche espérance,
Siègeait-il conservé au plus profond de lui;
L'Esprit, qui, calme ou vent, toujours repose et luit.

Qui ne l'a pas senti? Dans ces tortures même
Ou l'on se voit s'enfuir des objets que l'on aime;

Où l'on croit que la tombe est ouverte pour vous,
N'est-il pas en le cœur un rayonnement doux,
Un frémissement calme, une vague prunelle
Qui s'entrouvre au-devant de l'aurore éternelle
Dont elle a la candeur et la sérénité ?

L'hôte de ce buisson au vent tant agité,
N'est peut-être jamais et plus calme et plus douce
Qu'alors que ses rameaux pleurent sous la secousse.
— Tombe ! elle pourrait dire ; ouvre-toi, sombre tour ;
Que je jouisse en paix de tout l'éclat du jour !

    Juin 1840.

DE L'IMPASSIBILITÉ DU CIEL.

I.

Le poëte une nuit marchait l'âme songeuse,
Encor tout palpitant d'une lutte orageuse,
D'un combat déloyal au théâtre livré.
Tout le soir, ayant vu cette sourde manœuvre
Dont l'envie et la haine enveloppent une œuvre
Que salue en son cœur un public attiré;

Du sceptre tout-puissant inclinant la pensée
Ayant vu se former un sanglant caducée
Pour en fouetter le roi qui l'étend sur les fronts ;
Ayant vu torturer par le tronc et les branches
Cet arbre plein de vie en ses allures franches,
Pensif et soupirant, et fuyant à pas prompts,

Et le cœur plein des cris de l'arène sordide,
Il regardait le ciel. Le ciel était splendide.
Fuyante ainsi qu'au haut du profond corridor,
La lune, entre les jours des maisons resserrées,
Tourmentait le lit bleu des vagues éthérées,
Et semblait ricocher comme un vif disque d'or.

Une étoile suivant, abeille bourdonnante,
Agitait par moment son aile rayonnante,
Au-dessus des flots purs tremblait d'un vol léger.
De la place, c'était éternité riante ;
Ordre, paix, et travail, et nature priante :
Le ciel, tout à son Dieu, passait tout étranger.

— Hélas ! ainsi sont donc vaines toutes querelles ?
Aucun rapport ne joint ces puissances entr'elles,
Se disait le poète en son cœur consterné !
Tandis que des combats se livrent sur la terre,
Le ciel victorieux s'écoule solitaire,
Et poursuit son chemin sans que rien ait tonné !

Le prophète qui passe et dont la voix enseigne
N'a rien qui lui réponde alors que son pied saigne ;
Dieu reste toujours nul en son ciel retiré.
Si le sang a coulé dans la lice et l'arène,
La nature toujours merveilleuse et sereine
Ne s'en lève pas moins sur le front déchiré.

Hélas ! Dieu ne tient rien à l'ange qu'il aposte ;
Dieu ne prend nulle part au pieux holocauste,
Qu'à son autel divin brûle son serviteur ;
Nul feu du ciel n'y vient favorable et propice :
On peut tordre l'offrande au bord du précipice,
Rien ne s'en troublera parmi le créateur.

Vanités et néant! ce qu'une œuvre allumée
Peut élever ici de flamme et de fumée
N'en est pas moins petit et vain pour l'éternel ;
L'homme a beau sous le ciel élaborer un monde ;
Son œuvre offerte roule en une fange immonde,
Et retourne au néant sous un regard du ciel !—

II.

Non, Seigneur, ces choses sont grandes,
Même sous votre pied géant.
Non, le génie et ses offrandes
Ne sont pas œuvres du néant.
Non, les luttes et les batailles,
Les blessures et les entailles
Qu'on livre et qu'on fait en moqueur.
Ne sont pas cris sourds et voix vaines ;
C'est toujours le torrent des haines
Débordant au pied du vainqueur.

C'est toujours l'éternelle guerre
Qu'au corps de la divinité
Vous voulûtes que le vulgaire
Relivrât dans l'éternité.
Non, la foule frondant le mage,
Est la continuelle image
Des esprits ameutés vers vous ;
Hélas ! c'est l'exemple accessible
D'un Dieu dit à la fin possible
Après les morsures de tous.

Non, quand après des temps immenses,
Au lieu d'un profond abandon,
Le temps rapporte en ses semences
Les noms d'Achille et de Didon ;
Quand, fouillé sur chaque hémisphère,
Labouré comme ont pu le faire
Vingt siècles de leurs dents d'airain,
Le monde en ses flots roule encore
Ces perles que chacun décore
Reines du plus splendide écrin ;

Quand sous les siècles on recouvre
Le monde conçu d'un géant,
L'homme-dieu que le ciel recouvre
Ne peut bâtir dans le néant.
Non ! sous sa surface impassible,
Le ciel à son œuvre visible
S'allie, et lui fait le pas sûr ;
Car, loin de la haine allumée,
Au-dessus de toute fumée,
L'homme voit l'immuable azur.

Mars 1838.

LE REFUGE.

A Madame V. H.

Ce matin, le ciel bleu comme aux chaudes journées
Avait des teintes d'or brusques comme l'éclair;
Par le vent du midi lentement promenées
Quelques franges d'argent à peine coupaient l'air;

Puis, se nouant bientôt par les dents de leurs mailles,
Franges firent au ciel un si large réseau

Qu'un seul coin bleu resta, tout hérissé d'écailles,
Et lequel seul coin bleu fixait d'amour l'oiseau.

C'était encor la vie! à l'aube bleue et tendre,
Sereine à l'aile faible, obscurcie aussitôt!
La vie, où, d'heure en heure, hélas, viennent s'étendre
Les replis surchargés de son bien lourd manteau.

Mais encor, connaissant son aurore souillée,
Même au fort de l'enfer qui de partout lui pleut,
L'âme a-t-elle ici-bas pour son aîle mouillée,
A pouvoir se sècher, toujours quelque ilôt bleu !

Mars 1839.

DE LA JOIE DANS LE DEUIL.

Les étoiles manquant, ces deux tièdes soirées,
J'aime assez, par le ciel des branches resserrées,
Au bois, voir scintiller tous ces astres d'argent
Que le feuillage allume à mon pas négligent.
Par le couvert épais des feuilles rembrunies,
Le ciel, calme d'ailleurs en ses ombres unies,

Est plus vif et plus doux, plus pur dans sa blancheur.

L'âme, ce pauvre esprit aventureux marcheur

Qui s'ennuie en ces bois que son pied lassé broute

Et va toujours cherchant une issue à la route ;

L'âme, entre les jets noirs des feuillages épais,

Voit plus tendre et plus vif luire le ciel de paix.

Ainsi quand nos pensers croisés confus et sombres

Penchent et sur nos pas leurs réseaux et leurs ombres,

Par leur jour contrastant avec l'air souverain,

Fervens dans notre deuil, Dieu nous luit plus serein.

Juin 1838

DE L'ORAGE.

— Esprits divins que l'orage chatie,
Buissons sacrés que flagellent les vents,
Ne ployez pas vides de sympathie,
Noyés de pleurs, esprits, soyez fervents !

Le sourd courroux qui sans pitié vous frappe,
Vous est salubre en même temps que dur;

Et le fruit d'or dont égoutte la grappe
Sous le soleil n'en devient que plus mûr.

L'orage est bon. Il assainit les branches.
Non seulement qu'il révèle dompteurs
Les plants laissés verts sous les avalanches,
Il les emplit de divines senteurs.

Bonheur, amis! cette pluie incolore
Qui les retourne et les fouette en tous sens,
A son insu, nombreuse, fait éclore
La perle vive ou Dieu luit dans l'encens!

La fleur s'emplit d'une larme joyeuse
Qui la féconde et la fait douce au cœur:
La goutte d'eau dans la gourde soyeuse,
Rend à l'insecte un peu plus de liqueur!

L'orage est bon. Qu'il passe sur la haie,
Qu'il la pénètre un instant de ses coups,

La haie en pleurs qui du rayon s'égaie
Rit sous le ciel d'un feuillage plus doux.

Après l'orage, un murmure plus tendre
S'élève à Dieu des ombrages fléchis ;
Plus amoureux l'oiseau se fait entendre
Dans les couverts vivans et rafraichis !...

— Esprits divins que traverse l'orage,
Buissons chanteurs que fait taire le sort,
Ployez fervens et bénissez l'outrage ;
Il s'en repand un plus complet trésor.

Lorsque sortis imprégnés de la lutte
Vous sécherez au soleil votre front,
Les verts tuyaux sèveux de votre flûte
S'uniront mieux et plus doux frémiront.

La fleur rira jeune et plus odorante.
Par les réduits de larmes inondés,

Plus de parfum, de chant pour l'âme errante,
Plus d'harmonie!... Orages, débordez!

Juillet 1840.

RÉVÉLATION DE L'ESPRIT.

III.

Il est de ces refus enracinés dans l'homme
Étranges, malheureux. De ces torts qu'on ne nomme
Tant la honte en descend rouge en le fond du cœur.
Ainsi toujours l'éclair d'un sourire moqueur
Erre-t-il sur la lèvre et prend-il au visage
Lorsque quelque vieillard faisant le grand passage

De cette vie en l'autre et fermant l'œil au jour,
La voix du prêtre dit: Remonte à ton séjour!

Quoi donc! cette enveloppe osseuse et délabrée?
Cette face flétrie, et cave, et retirée?
Ce squelette? cette ombre? — Ah! le beau nourrisson,
Ah! le bel ange blanc tombé dans le buisson,
Le fruit de lait quitté de la branche tarie;
La jeune fille pâle et dont la lèvre prie,
Beau marbre descendu de son blanc piédestal
Par quelque coup de vent sacrilège et fatal;
Le regard plein d'azur, la lèvre pleine d'ambre,
Ce corps ou la beauté déteint à chaque membre,
Ces esprits terrassés dont éblouit le front
Peuvent bien, ô seigneur, remonter au giron
De grâce et de splendeur dont ils gardent l'empreinte;
Leur retour est conçu sans débats et sans crainte;
Mais en vous ce regard livide et soupçonneux,
En vous ce rauque son d'un dehors caverneux,

Ah! le refus surgit! Ah! la lèvre qui nie
Se ride obscurément d'un éclair d'ironie!

Or, cette vieille mère à charge dès long-temps,
Ce pauvre être rempli de propos irritans
A force de souffrance, et d'âge, et de misères;
Dont les trois chers enfans à ses maux nécessaires
Ne recevaient, hélas! tant la douleur aigrit,
Que reproches amers pour leur zèle aguerri;
Cette aïeule grondeuse, altière et méconnue,
Comptant l'heure du fond de son alcôve nue,
Passant là tout le jour seule à se résumer
Quels faux et vains démons venaient la consumer;
Tapie en son fauteuil comme une ombre de pierre,
Morte, sans aucun feu sous sa blanche paupière,
Sans un autre soupir que ce grondement sourd
Que sa lèvre rendait lorsqu'on troublait son jour;
Cette âme abandonnée, immobile, sinistre,

Douce à cette heure là devant le saint ministre
Dont le regard perçant fixait les hauts sommets,
S'éveillait de la nuit pour s'y rendre à jamais.

Sa voix long-temps perdue en sa cage charnelle
Vibrait en ce moment charmante et solennelle.
Cette fraîcheur de sons, ce timbre pénétrant
Que l'enfance tient seule en son langage errant,
Revenait sur sa lèvre en paroles vivantes.
Seulement maint lambeau d'images décevantes
Tombait dans son récit naïf et régulier.
C'était de ces rappels d'un monde singulier ;
De ces souvenirs vains que les lèvres candides
Pourraient dire du ciel et des rives splendides
Si la voix leur était donnée entrant ici.
L'aube alors paraissait. L'horizon éclairci
Pâlissait le flambeau vacillant par les chambres.
Et plus l'aube montait, plus du cœur de ces membres
Qui remuaient là bas aux yeux du prêtre en pleurs,
Sortait une musique et des parfums de fleurs.

Ce sens enfin fait libre au cœur de l'ombre atteinte,
Se couvrait en fuyant d'une idéale teinte,
S'absorbait par degrés dans un vague horison;
Plein de folle lumière, et vide de raison.

L'aïeule réveillée un instant de sa tombe,
Redevenait alors la mystique colombe;
La jeune vierge éprise et donnant à l'amour;
La mère glorieuse étreignant tour à tour
Le fruit cher de son flanc qu'allaita sa mamelle.
Et comme tous ces cris jetés, fuis pêle-mêle,
Déchiraient trop le cœur que la pitié prenait,
En étouffant ses pleurs chacun se détournait.

— Bonté de Dieu! Quoi donc! c'est de ce corps livide,
C'est de cette poitrine à l'apparence vide,
De ces vains ossemens morts et pétrifiés
Que monte un tel soupir aux cœurs édifiés?
Quoi donc! cet élément, cet agent, ce principe,
Ce moteur souverain que le temps anticipe

Et déroute à la fin dans tout objet créé,

Se reprend donc encore après avoir erré?

Et voilà donc qu'à l'heure ou le corps se divise,

Que l'Esprit rappelé tout à coup se ravise?

Et que, par son effort et son élan pressé,

Il montre aux cœurs rendus qu'il n'a jamais cessé?

Et que ce long silence, et que cette apathie,

Et que cette puissance à jamais amortie

N'était que le repos du foyer contenu

Qui va tendre sa langue en un flux continu

Sitôt que le limon emprisonnant la flamme

Va s'éclater en poudre au vent qui le réclame!

Le jour montait. Des murs crévassés et moussus

On donnait la fenêtre ouverte aux vents reçus,

Murs distingués à peine en leurs faces qui boitent

Tant ils s'élèvent hauts de la cour qu'ils emboîtent

Et d'où le puits n'y voit que midi rayonnant,

Il perçait une voix de doux nid frissonnant.

Une chanson d'oiseau riant dans la feuillée

S'essayait follement sous la voûte éveillée.

Le jour montait ; et puis à ce regard d'azur
Qui filtrait sa lueur entre le triple mur,
Un parfum plus vivant, une voix plus sonore
S'échappaient éveillés de la pierre incolore.

A ce bruit se mêlait toujours l'éclat de voix
Que le prêtre soumis venait calmer parfois ;
Voix de rire et de fête et de folle logique
Qui ressortait là bas de l'âme léthargique.

Enfin comme le jour dorait en plein les cieux,
Et comme sous le coup d'un vent pernicieux
Une bouche s'ouvrait de la muraille verte
Chassant vers le soleil une aile grande ouverte,
Comme l'oiseau laissait le refuge tombé,
Et fuyait sous le ciel en ses feux absorbé,
Toute voix s'éteignit ; la chambre fit silence ;
Et devant un corps froid tombé de violence

Qu'il contemplait en pleurs et les yeux vers le jour,
Le prêtre s'écriait : Remonte à ton séjour!

Ah ! bien loin le refus ! Ah ! bien loin l'ironie !
Ah ! malheureux le cœur qui médite et qui nie !
Enfant, vierge, vieillard, le même hôte s'y tient.
Ce n'est pas le corps lourd ou le leste maintien,
Ce n'est pas le dehors ni la face charnelle,
C'est le souffle divin, c'est l'essence éternelle,
C'est le verbe suprême ici-bas incarné,
C'est le rayon commun en tout emprisonné!
C'est l'oiseau ! c'est la fleur ! et c'est ce qui respire,
Et c'est ce qui de Dieu s'épand de son empire,
Ce qu'il laisse de lui s'enfuir d'entre les cieux.
Ah ! Dieu ne se rend pas saisissable des yeux :
Il revêt une forme en animant la chose.
Jeune en le cèdre autant que jeune dans la rose.
Pourquoi tant assigner de rang, d'ordre à l'Esprit?

L'Esprit est immuable. Ecoutez Jesus-Christ.
Il ne reconnaît point d'âge et de sexe à l'âme.
Que fait qu'elle s'ébatte en le squelette femme,
Ou dans la fraîche vierge, ou par le rose enfant?
L'oiseau toujours rapide et toujours triomphant,
Si quelque choc étend le buisson ou le chêne
En lequel il courait libre de toute chaîne,
L'oiseau d'un même essor et d'un égal reflux
Fuira vers ce seul ciel qui ne le rendra plus.

  Juillet 1840.

LES HIRONDELLES.

A LOUIS BOULANGER.

Esprit dont la pensée au grand jour étincelle,
Œil dont la vision sur la toile se scelle
    En splendide réalité!
O peintre, savez-vous, savez-vous, ô poète,
Quel départ a sonné de ce glorieux faîte
    Par vos grands maîtres habité?

Savez-vous quel essor s'est pris de cette église
Où le génie enfant un jour se réalise
    Fait au culte pur des beaux-arts?
Quelles ailes couvrant tout-à-coup la toiture
A l'ensemble ont frémi pour la même nature
    Dont elles bravent les hasards?

— Le doux peuple frileux des vives hirondelles
A choisi ce sommet pour son ralliement d'ailes;
    C'est de là qu'il s'est envolé;
Paul Rubens, le Titien.. — ceux que la frise montre,
Ont été les regards fixés pour sa rencontre,
    Le phare qui l'a ressemblé!

Avant de fuir au ciel que son besoin devine,
O peintre, il a puisé d'abord la foi divine
    Aux flammes de vos demi-dieux;
De l'inspiration il a trempé son aile,
Puis il s'est exilé par l'aurore éternelle
    D'un vol ferme et mélodieux!

Lorsque l'été joyeux qui le dore et l'inspire
S'enfuit de notre ciel en en livrant l'empire
    Au vent que l'hiver va sceller;
Ainsi le peuple jeune et frileux de mes rêves
Tournant ses vœux pressés vers de plus chaudes grèves
    Se fixe un point pour s'exiler.
Le soleil ne lui luit que d'une aube fatale,
Il se tend au foyer des feux que l'art étale,
    L'art pur qu'entre tous vous servez;
Puis, son vol allumé des vives étincelles,
En couronnant les noms dont s'inspirent ses ailes
    Il se perd par les cieux rêvés!

Septembre 1839.

LE RAYON.

« Quel hiver ! Oh ! quel froid ! Mon morne sanctuaire
Semble s'être voilé d'un rideau mortuaire.
A ma fenêtre close où s'ébattait l'oiseau,
La gelée a tressé son multiple réseau ;
Rien ne m'apparaît plus du dehors, nulle branche,
Nulle douce colombe à la poitrine blanche...

Hélas! non-seulement mes murs intérieurs
Sont privés des clartés de leurs hôtes rieurs,
Mais ma vitre épaissie et terne et surchargée
Ne me révèle rien de ma vue ombragée!
Rien ne me luit, hélas! — Autrefois, dans le loin,
Mon regard à toute heure éteint sur quelque coin,
Entre le ciel, dans l'air, flottante sous ses voiles,
Les yeux pleins de rayons et le front ceint d'étoiles,
Me souriait toujours une mâle beauté!...
Soutenant de son bras quelqu'urne à son côté,
Épenchant, maintenue en ce lien d'ivoire,
La source où mon esprit semblait tremper et boire,
Naïade au front divin, ses longs rayonnemens
Franchissaient et l'azur et les rameaux charmans,
Et venant jusqu'à moi, traversant ma croisée,
Inondaient de reflets ma chambre pavoisée!
Mais maintenant!.. — plus rien! mes murs intérieurs
Non seulement sont morts de leurs hôtes rieurs,
Mais ma vitre épaissie et terne et surchargée
Ne me révèle rien de ma vue ombragée! — »

Comme ainsi le poète exaltait son regret,
Une lumière vive à sa vitre paraît :
Premier éclair sorti du foyer de l'aurore,
Elle fend le grésil, le raye et le colore ;
Puis dans l'épais réseau se plongeant par degrés,
En dorant de ses feux tous les contours ombrés,
Découpant et peuplant toutes les triples gazes,
Rive sur chaque accroc comme autant de topazes !
Elle enflamme la vitre, et mille insectes d'or
Sur le réseau chargé semblent tisser encor !
Puis, tandis que, — rosace, œil d'une cathédrale, —
Perdant sous le soleil sa blancheur sépulcrale,
La vitre envoie au fond du sanctuaire éteint
Les reflets scintillans du grésil qui déteint,
Tandis que le réseau, — fleurs, diamans, dentelles, —
Se fond aux chauds baisers de ces lueurs mortelles,
Sous le ciel tout à jour, au soleil dévoilé,
Paraît, pour le poète, un beau front étoilé ;
« Une blanche Naïade en l'azur revenue,
Penchant l'urne d'encens sous son épaule nue ! »

Lumière! — amour, croyance, espérance, avenir; —
Quand les pensers du cœur viennent à se ternir,
Quand un vent de malheur les recouvre et les glace,
Si vous vous épanchez sur eux, par quelque place,
Si sur eux vous levez votre rayon vainqueur,
La joie et la clarté bientôt rentrent au cœur!
Ayant comme lavé la vitre, plus splendide,
Elle laisse l'œil nu rayonnant et candide,
Qui, retrouvant les cieux de sa jeune saison,
Revoit la Poésie assise à l'horizon!

Janvier 1838.

D'UN TABLEAU *.

A LOUIS BOULANGER.

I.

Lorsque l'esprit tendu vers la sphère infinie
Monte par les degrés de l'immense harmonie,
Qu'il se retrempe un jour au centre-dieu du beau ;
Le point d'abord cherché, l'assise une et première,
Est toujours l'orient de gloire et de lumière,
L'Italie, en les temps arche au double flambeau.

---

* *Les Trois Amours Poétiques.* Cette belle page dont M. le duc d'Orléans a enrichi la ville de Toulouse.

Comme l'œil y saisit la clarté qu'il reflète,
L'aube de cette aurore éternelle et complète
Dont bientôt l'univers en tous sens est empli ;
L'esprit y sait trouver la lueur souveraine
Qui grandit et s'avance universelle et reine
Et féconde le monde à ses lois assoupli.

— Tu portes en tes flancs la source de la vie,
Voie ardente et sacrée et toujours poursuivie,
Orient magnifique où resplendit la croix ;
Dieu repose au courant de ta riche nature,
Jésus appelle à Dieu du sein de ta clôture,
L'art s'unit à tous deux par tes chefs-d'œuvre rois !

Terre deux fois bénie, arche deux fois emplie,
Tu restes bien le trône et la reine, Italie,
Le péristyle assis sur les degrés du jour !
Nature, croyance, art, tu tiens le point suprême,
Et ton front éblouit du triple diadème
Que tes fils inspirés ont porté tour-à-tour !

— Mère! c'est de tes flancs que, viables et franches,
L'art multiple en son germe épand toutes ses branches :
Virgile ouvre ses fleurs à tes cieux jamais las ;
Raphaël y choisit sa palette divine ;
Et dans ce temps où l'art pleure sur ta ruine,
Rossini leur surprend le chant du cygne, hélas !

Ainsi, beauté, puissance, en toi tout s'amoncelle,
Et tout de toi découle, aurore universelle ;
En toi l'art et la foi retrouvent leur berceau ;
Les plus divins présens de l'humanité reine
Remontent à ta source, aïeule souveraine,
Et s'y tordent en chœur, magnifique faisceau !

II.

Entre les temps choisis de sa toute-puissance,
Il est une heure grande, heure de renaissance,
Où l'art se reproduit sous un aspect nouveau ;

Où l'art enchérissant sur sa beauté première,
Se laisse déborder par la ferme lumière
Qui gagne la parole et monte à son niveau.

La poésie élue élargissant ses voies
Laisse entrer le réel en ses mystiques joies ;
Le temple ouvre plus bas ses splendides battans.
La muse, haute et pâle en la cité de Dante,
Approche plus humaine à l'idée ascendante,
Sa robe ivre des feux des soleils éclatans.

La muse se refond au moule qui se marque.
Le sang vient animer le marbre de Pétrarque ;
La chair vit sous les plis du voile transparent.
Le mythe, longtemps hors de l'atteinte coupable,
S'abaisse à l'œil humain et charnel et palpable :
Le réel sur le rêve arrive en conquérant.

— Raphaël resplendit auprès de Michel-Ange ;
Les deux maîtres divins ont sorti de son lange
La poésie au ciel dérobant son essor ;

Ils la fixent à la terre éblouie et vivante,

Réalisent au jour la belle décevante,

Et lui scellent le pied sur leur assise d'or.

Donc, Arioste au jour du sculpteur et du peintre,

Descend la poésie en dehors de ce cintre

Où l'avaient fait siéger ses deux prédécesseurs;

La blanche sommité de Pétrarque et de Dante

Est dès lors rattachée à cette base ardente

Sous le même rayon des deux muses ses sœurs

La poésie alors, la divine relique

Dorant de ses reflets la haute basilique

Du porche intérieur où l'esprit l'adorait,

La grave et chaste vierge à la robe tombante,

Se révèle à l'œil nu colorée et pimpante

Dans le palais à jour qui lui sert de retrait.

III.

Et si, pris à fixer la splendide rencontre,
Arrêté sur ce fait qu'Arioste démontre,
On veut suivre de l'art la transformation,
Et s'établir en soi les phases graduelles
Par lesquelles il vient des lois spirituelles
Aboutir à l'état d'une humaine action ;

Pour se déterminer quelle pente adoucie
Suit durant deux cents ans la grande poésie
Qui vient ainsi s'asseoir réelle entre ses sœurs ;
La personnifiant dans un rapport sensible,
L'esprit groupe au courant de l'espace visible
Les trois divins amours des trois divins penseurs.

Les trois muses des dieux qui les lui représentent,
S'étagent en le ciel sous les voix qui les chantent ;
Sous son ange gardien chaque muse apparaît :

Béatrix au sommet de la vague colline ;
Laure assise à sa droite ; à sa gauche Orsoline :
La poésie écrite en un triple portrait.

Et, figurée ainsi sous le jour qui l'anime,
Chacune des beautés du triangle sublime
Rappelant en ses traits le poète éclipsé ;
Disant par son aspect et sa pose contraire
Le caractère su du poète son frère,
Et l'élément divin du génie encensé.

L'une, éblouie aux feux que son regard aspire,
Croisant ses frêles mains d'une pâleur de cire
Sous le manteau qu'argente un rayon vigoureux ;
L'autre, pâle du calme en lequel dort son âme,
Sereine sous l'habit où s'arrête la flamme
Qui le teint de l'azur du ciel des bienheureux ;

Celle-ci, l'œil mouillé de la lumière humaine,
Langoureuse aux baisers que le zéphir promène

Sous le tissu de pourpre à ses pieds retombé.

Toutes les trois, par l'air, l'habit et la posture,

Disant de leur poète et l'ordre et la nature ;

Des trois divins penseurs le rêve dérobé.

IV.

Or, magnifique esprit de volonté si ferme

Que l'idée en le fait sur la toile s'enferme

Après s'être formée au moule souverain ;

Voilà comment votre art de tant de fantaisie

Établit au grand jour l'ère de poésie,

Les phases du soleil de l'empire serein !

Sous les portraits créés des trois muses — amantes,

Sous les dehors conçus des déités charmantes,

Vous écrivez de l'art le développement ;

Assouplissant la ligne, étendant la manière,

En creusant les contours graduant la lumière ;

Formulant chaque style en chaque vêtement.

Voilà bien Dante, ô ciel! haut, superbe, mystique;

Il va bien s'écouler le verbe prophétique

De ce regard ouvert au fond de l'avenir;

Et voilà bien Pétrarque, ample et serein et chaste;

Arioste, amoureux et pudique avec faste;

Les trois maîtres! — Le Tasse à présent peut venir.

— Poète! votre main vient d'élever la page

Qui soumet aux pensers du vaste aréopage

Le destin résumé du poème complet;

Du poème divin qui remplit l'Italie,

Monte sous son soleil, et, de la zône emplie,

Vient jeter sur le monde un lumineux reflet.

Maintenant que la foule ou le vulgaire passe,

Et qu'il arrête peu sa réflexion lasse

Sur cette page vive où votre nom se lit;

Que le juge, entaché d'un sens systématique,

N'effleure qu'en passant de sa vaine critique

L'œuvre où tant de pensée a déposé son pli;

N'importe ! les trois dieux rayonnans sur la toile
Vous chantent pour les temps que le seigneur étoile
L'hymne d'élection qui vous range auprès d'eux ;
Le penseur rêve aux pieds de la trinité ceinte,
Et vous porte en chantant l'ambre et la palme sainte
Sur l'autel consacré des sommets hasardeux !

Avril 1840

MARGUERITES-ILLUSIONS.

I.

Cueillis de jour par les vertes pelouses,
O doux soleils reflets du grand soleil,
Vous refermez vos prunelles jalouses,
Pour les ouvrir le ciel rendu vermeil.

Les cils rejoints, ô Marguerites frêles,
Dans le bassin qui vous imbibe d'eau,

Vous endormez vos charmantes querelles ;
L'œil du bon Dieu voilé de son rideau.

Car vous suivez, ô Paquerettes folles,
Qui sait dorer vos sourires perlés...
— Illusions! car vos paupières molles
Cèdent au Dieu qu'en vous vous rappelez!

Avril 1839.

DE L'EGLISE.

Mère! vous qui, tout humble, allaitez dans cet antre
L'enfant ingrat et sourd qui vous meurtrit le ventre!
Soumise, et vous prêtant à son mal obstiné,
Voila que, l'œil fixé sur votre lait facile,
Vous rêvez à l'enfant à la lèvre docile
Qui s'éteignit sur vous, ô mère, votre aîné!

Douloureux et cuisant par son écorce ferme,
Le sein qu'il exprimait, plein d'une sève en germe,
A ses efforts tentés ne rendait que du sang!..
Sur vos flancs épuisé bientôt quittant la vie,
Mère! le premier-né d'une stérile envie
Tourna les yeux vers Dieu, sans cris, vous bénissant!..

Et maintenant, qu'ouvert à la pression tendre,
La vie en coule en flots, sans jamais s'en détendre,
Celui qui s'y suspend le meurtrit d'un cœur vain;
Avide, insatiable, et repu sans y croire,
Sa lèvre à tout instant à votre flanc veut boire,
Et vous mord et déchire, ô mère au cœur divin!

O Mère! ainsi l'Église, et Jésus-Christ comme elle.
Les premiers fils nourris à sa pleine mamelle
Ne burent que la mort, son lait troublé de sang;
Aspirant la douleur de leurs lèvres ardentes,

Ils ouvraient l'onde vive aux âmes succédantes;
Martyrs, ils en mouraient, sans cris, la bénissant!

Et maintenant que pure, — assise humble dans l'ombre,
Elle penche aux besoins de vains désirs sans nombre
Sa sève qui n'est plus un baptême de mort;
Vides en y buvant, altérés sans y croire,
Sourds d'en être brulés et de n'y point tout boire,
Ses fils n'ont à son sein qu'une lèvre qui mord!

Mars 1839.

MARGUERITES-ILLUSIONS.

II.

Près de mourir dans le vase candide
Qui vous nourrit vous rêvant pour toujours,
O mes soleils, d'un nimbe plus splendide
Vous rayonnez, vainqueurs de quinze jours.

C'est grande nuit; mais, tendres aux étoiles,
O mes bonheurs, ouverts en ces instans,

Votre prunelle éclate aux vent ses voiles,
D'un blanc de lait ses longs cils palpitans.

Aux yeux du ciel mon regard qui vous mouille
Vous voit mourir d'un sourire enivré!...
— Illusions! au vent votre dépouille!
Dieu rit sur vous, de qui tout est paré!

Avril 1839.

SUR UN VIEUX ET SALE LIVRE PRÊTÉ.

A Mademoiselle L. V. H.

Quand l'auge au cygne blanc prêtant son miroir sale
L'a laissé contempler ce qu'il reflète en lui ;
Que prés, monts et troupeaux que la lumière étale
Ont frémi sous le vol de l'hôte qui s'enfuit ;

Blanchi par le sillage éblouissant et chaste
Et portant sur son dos un duvet soulevé ;

Reflètant de rechef tout objet avec faste,
Le miroir brille aux yeux dans son bassin lavé.

Ainsi quand un moment sur ces pages froissées
Vous aurez passé, vous, doux cygne étincelant;
Couvert en ses tableaux de vos blanches pensées,
Mon livre me sera moins indigne, et tout blanc.

Mars 1839.

SUR LES COMÉDIES

DE

PIERRE CORNEILLE.

Devant que la forêt hautaine et magnifique
Vive pour le regard ouvert au fond des jours,
Elle existe à l'état que l'esprit pacifique
Aime à se retrouver pour asseoir ses amours..

— L'orme altier débordé de son feuillage austère,
Est d'abord le buisson frais éveillé de fleurs ;

Avant d'ombrer le ciel, il étoile la terre;
Il tend déja le rire avant d'ouvrir les pleurs.

Le charme est dans le grand. Nain encore de b....
L'arbre tient les trésors qu'il montre en sa grandeur.
Le chène a plus d'ombrage, enfant, que tel arbuste
Pris à son apogée et vu dans sa splendeur. —

Les plus hautes forêts ont les plus vertes mousses.
Au pied des fûts géans sont les réduits perlés.
Sous les couverts épais sont les retraites douces,
Sous les bois florissans les sentiers constellés.

Devant que la forêt gronde forte et superbe,
Elle murmure basse en un jour enchanté;
Il rit en bas la source, il rit en bas la gerbe
De sa toute-puissante et pleine majesté.

Ainsi de vous, ô Maître! ô forêt gigantesque!
Sous les graves arceaux de vos drames clémens,

Au pied des sombres tours où renfle l'arabesque,
Frémit le monde en fleur des poèmes charmans.

J'aime le fier sommet, ô mon rude architecte,
Je sens tomber le beau des branchages réglés;
Mais plus peut-être encor qu'à la voûte correcte,
Je retrouve le dieu dans les prés étoilés.

Aux donjons, aux pourtours de sobre architecture
Qui couronnent le fort beau du chaud orient,
Je préfère parfois le lit de sa cloture,
Le fossé dont il sort frais et luxuriant.

Mai 1840.

POINSINET.

— L'AUTEUR DU CERCLE. —

Avant que sur Gilbert le siécle déicide

Eut tordu le venin de son dédain acide,

Avant qu'il eut détruit l'enfant bientôt haineux

Que Dieu lui présentait ceint du sceau lumineux;

Sa cruauté banale et sanglante ironie

Avaient déjà causé plus d'une autre agonie.

Déjà sur quelque esprit doué d'un sens charmant,
Il avait écoulé son sourd ricanement,
L'en avait affublé grotesque mascarade
Prise par tous les fils en tout lieu de parade.
Mais erreur, ô méchant ! ce pauvre être joué,
Ce pauvre esprit crédule à ton rire voué,
Introduit par ta main moqueuse et tyrannique
Dans ce mystère nu d'une grâce cynique ;
Un jour, il tracera, dans quelque coin laissé,
Quelles mœurs, quels loisirs de ce monde épuisé ;
Et, se sauvant par là d'une mortelle atteinte,
Dira ta grâce encor ton heure au loin éteinte.

Poètes, gloire haute, or jamais submergé,
Perles vives au fond de tout lit ravagé !

Février 1840.

PAR LES VIEILLES RUES.

I.

DU SILENCE DANS LE PASSÉ.

D'un quartier féodal j'aime les vieilles rues,
Pleines du temps passé, mortes aux faits présens;
L'on va jeune, oubliant les tempêtes accrues
Que la ville à vos pieds soulève en flots pesans.

Ce n'est pas le pavé noir du flux de l'ornière;
Le ruisseau coule clair, troublé d'aucun roulis;

Le soleil y repose, et l'herbe prisonnière
Pointe en un frais velours entre les grès polis.

Point de groupes haineux vus aux fenêtres hautes ;
Les rideaux sont rejoints ; fermée est la maison ;
L'écho dort sous le porche ; on sommeille ; pour hôtes,
Les amours accolés qui montrent l'écusson.

Des hauts murs—où le fer se hérisse en trainées,
Noirs fraisiers venimeux aux abords du jardin,
Dans les feuilles par l'air doucement amenées,
Des petits cris d'oiseaux qui s'éteignent soudain.

Verdeur, force, beauté ; par-dessus le silence,
Le règne du Seigneur sur tout autre effacé...
— Ce que tout cœur attend du Présent qui l'offense,
Ce que tout homme trouve aux jours de son Passé.

Mai 1839.

LE SILLON.

En bas de ma fenêtre, au milieu de la rue,
On a, ces jours derniers, creusé comme un sillon,
Mais un sillon profond, large, et que la charrue
A parcouru vingt fois de sa forte action.

Le sillon fait — quel germe a t'on mis en son ventre? —
Vite, on a nivelé le sol un jour béant;

Et maintenant faut-il que la terre qui rentre
Dise qu'il s'ouvrit là comme un lit de géant.

Or, le soir arrivé, la rue obscure et noire,
Voici que sous le ciel une flamme paraît,
Et que ce feu visible aidant à la mémoire
Est le soupir couvé de l'abime secret.

Ce phare éblouissant qui guide en la nuit sombre
Le passant incertain, le marcheur attardé,
Est l'esprit délivré du corps couché dans l'ombre
Qui dort sous les arceaux du caveau dégradé.

D'un corps enfoui sombre il jaillit la lumière.
La fosse est le foyer de l'astre de là-haut... —
O tombe, précipice, impénétrable ornière,
Gardes-tu pour tout corps un mystère aussi beau?

L'homme couché bien bas, couvert de tant de poudre,
En ressort-il, Seigneur, une langue de feu?

Actif en son sommeil, en sait-il se résoudre
La lumière céleste aidant au commun vœu?..

Hélas, hélas! ô Christ, ô roi patibulaire!
Faut-il que le corps dorme effacé loin des yeux
Pour que la majesté clémente et tutélaire
Brûle, nommée enfin, visible sous les cieux!

Juin 1840.

PAR LES VIEILLES RUES.

II.

DE L'ESPÉRANCE DANS LE PASSÉ.

Toujours que je chemine et passe devant elle,
Je lui ris dans mon cœur, à la blanche beauté ;
Et rien n'est plus charmant que sa lèvre immortelle
Relevée aux deux coins d'un sourire sculpté.

Des bords sans incarnat, il s'exhale une haleine
Blanche comme les dents où le rire s'éteint ;

De ces frissons perlés d'un frais de porcelaine
Comme il semble en courir au poli de son teint.

Son col pur se garnit de deux pendans d'oreille
Mêlés aux blancs anneaux qui cherchent son sein blanc ;
Sa forte chevelure à la neige pareille
Se déroule en flocons et l'encadre en bouclant.

Un visage de stuc en un contour d'opale ;
Elle est là, sur le fond d'un vieux mur reblanchi ;
Versant un bonheur mat de son sourire pâle,
De son regard trempé faisant le cœur fraîchi.

Et je lui ris toujours ; car je retrouve en elle
Non seulement l'art pur, dieu d'un Présent lassé,
Mais la déesse vierge, hélas, ombre éternelle,
Qui me rit, aube vaine, au fond de mon Passé.

Juin 1859.

VIGNE-VIERGE-POÉSIE.

A EUGÉNIE P.

Blonde et rieuse à la fenêtre,
L'or du soleil en tes yeux bleus,
Enfant ! tu vois là-haut renaître
La vigne-vierge au bois frileux.

Le cep élançant sa ramure
Du sol qui ne le sait ouvrir

Par les jours de la tràme mûre
Du berceau qu'il va recouvrir,

Éclot, à la croisée ouverte
Où ton visage rose luit,
Éclot en chœur la feuille verte,
Son pied sombre nud en la nuit.

Vers toi, la pauvre âme épuisée,
Sèche et stérile sur le sol,
Ouvre, humide de la rosée,
Son feuillage d'un heureux vol.

Aux clartés de ta jeune grâce,
L'âme ici-bas fermée aux yeux,
Sans rameaux à sa branche basse,
Les développe sous les cieux.

Enfant ! la vigne-vierge aimante
Ouvre là-haut où rit le jour... —

La Poésie humble et clémente
Ouvre à tes yeux, bien cher amour!

Juin 1859.

PAR LES VIEILLES RUES.

III.

DE L'AMOUR DANS LE PASSÉ.

A Madame MARIE N. M.

C'est dans ce quartier là tout rempli de silence,
Dans ce champ du passé qu'habite le sommeil
Mais où Dieu réveillant l'air pris de somnolence
Fait vivre tout objet d'un idéal vermeil.

C'est là que la sculpture en l'albâtre taillée
Rit au-dessus du porche — où l'herbe reverdit —

Figure d'Espérance à l'aube émerveillée
Et dont le sein absent ne tient rien à midi.

C'est là que l'oiseau chante actif, oseur, avide,
Que l'oiseau, — le long rêve, — éclate en liberté.
Dans ce passé suprême, éblouissant — et vide;
Plein de fauve splendeur, superbe — et déserté.

Trois fenêtres que voit le passant solitaire
Se présentent aux yeux et les tiennent fixés;
Trois portes rappelant d'après leur caractère
Trois amours survivans des âges éclipsés.

La première, Madame..... Hélas! elle est fatale,
Et le désir surpris n'en sort pas toujours pur;
La première, grillée, étreinte en son ovale,
S'ouvre basse et furtive au pied même du mur.

De l'appui monte et court une plante encaissée
Qui dérobe le fer sous un lien flottant —

Et laisse pénétrer par la maille laissée
Un regard appelé, furtif et palpitant.

Une atmosphère chaude, irritante et funeste
Flotte autour de cet antre où le jour est éteint.
Parfois le réseau tremble; un soupir vient; un geste :
Parfois un pâle éclair jaillit sous le satin.

Un murmure confus s'élève de la salle;
Une musique sourde emplit l'antre douteux;
Et le treillis qu'on lève et qu'une main étale
Laisse à nu la beauté qui prend le cœur honteux.

Quelque femme penchée au redos d'un long siége
Passe nonchalamment sa main en ses cheveux.
Une moiteur d'encens monte à sa face... Un piége !
Le fer tremble au dehors d'un serrement nerveux.

— C'est l'amour sensuel, c'est l'amour impudique,
Cette fenêtre basse ouverte ainsi d'abord.

Antre de volupté: son caractère indique
Le sens avec lequel il peut être d'accord.

La deuxième, Madame... Oubliez la première,
Le poète jamais n'y laissa de son cœur ;
La deuxième, élevée, assise à la lumière,
S'ouvre, de deux battans, couronnée en vainqueur.

C'est au balcon de fer, c'est au premier étage ;
Une fenêtre altière aux lourds rideaux brochés
Qu'un gland d'or et de soie en deux ailes partage
Sur un intérieur beau d'objets recherchés.

Le balcon la défend sur toute la façade ;
Un berceau de fleurons, d'arabesques de fer.
Elle s'ouvre: le gland égrène sa torsade
Sur d'epais cheveux noirs d'un beau visage offert.

A ce balcon royal déployé sur l'espace,
Une femme apparaît s'avançant du salon.

Sa robe tombe longue; à peine son pied passe :
Un ruisseau de velours fuit loin de son talon.

Elle est belle. Elle est chaste. Et seule elle regarde.
Et nul vœu ne se porte à gagner ses cotés;
Car son regard empli du soleil qui le darde
Dit trop qu'elle se tient aux célestes beautés.

Ce n'est pas même ici le regard poétique
Qui suit d'entre le ciel des hymnes reproduits;
C'est l'esprit ébloui du sens mathématique
Par lequel et Descarte et Pascal sont conduits.

C'est l'esprit amoureux des vérités abstraites;
C'est l'amour exclusif pour le problème obscur...
Non, elle porte alors à ses lèvres distraites
Un ivoire que tient une faveur azur.

Non, c'est l'amour du cœur, c'est l'amour platonique;
Elle parle à celui qui lui parle là-bas;

Qui, bravant l'effort vain d'un ordre tyrannique,
La voit d'entre l'espace et la fléchit tout bas.

L'amour spirituel, cette fenêtre haute,
Ouverte au soir tombant, libre à l'œil ébloui.
Voyez-y l'amour pur, l'amour pur en est l'hôte,
L'amour spirituel à l'ombre évanoui.

La troisième, Madame... Un autre amour existe,
Vous savez, qui se tient au-dessus de ces deux;
La troisième, humble alors sous le ciel qui l'assiste,
S'ouvre à l'angle saillant du faîte hasardeux.

C'est une ogive simple, une ogive servie
De la seule nature auguste en ses bontés.
Pas de balcon scellé, pas de rampe asservie
Qui la défende et l'orne aux regards arrêtés;

Pas même de vitraux: une embrasure libre;
L'appui n'est que le champ du contour évidé;

Rien ne renfle au dehors pour tenir l'équilibre :
Le mur est lisse, égal.. Pauvre gîte gardé !

Mais du faîte clément qui l'abrite et le borde
Et sur lequel la pluie a fait germer le grain,
Une broussaille verte en écheveaux déborde
Qui lui fait pour le jour un rideau souverain.

La meurtrière nue où se chante la brise,
Est préservée aussi du regard scrutateur.
Qui peut s'imaginer que là, sous cette frise,
Veille un cœur embaumé d'un amour créateur ?

Il existe pourtant. Quand finit la journée,
On peut apercevoir, troublant le voile vert,
Un sourire plus blond que cette graminée
N'en éclot au soleil qu'elle aime à découvert.

Une vision sainte apparaît sous la banne
Qu'elle écarte un instant, l'instant de fixer Dieu.

Elle prie ; on entend sa lèvre diaphane
Murmurer le salut qui monte du saint lieu.

Elle est agenouillée ; un enfant qu'elle embrasse
Recouvre encor son sein que dérobe le mur ;
Sa tête se voit seule, un front que teint la grâce,
Et celle du Jésus qui rit au ciel d'azur.

Et nul penser mauvais ne vient à cette image :
Une madone au bord de son profond réduit
Qui rend à Dieu le père humble et fervent hommage
De l'avoir et son fils abritée aujourd'hui.

Le cœur rend aussi grâce ; il bénit, il invoque.
Oui, c'est l'amour divin qui se révèle là ;
L'amour soustrait aux yeux du passant équivoque,
L'amour abrité loin du bruit et de l'éclat.

Oui, c'est l'amour divin cette fenêtre vive...
— Ainsi de ce silence, ainsi de cet oubli,

Ainsi de ce passé que Dieu couvre et ravive,
L'amour ressort vivant.. O règne enseveli !

Madame, de ce champ qu'habite le silence,
De ce quartier désert que teint un jour égal,
Trois fenêtres fixant l'œil par leur dissemblance
S'emplissent pour l'esprit d'un amour idéal.

Car toujours où le cœur rejoint la solitude,
Toujours où le silence accompagne l'esprit,
La Poésie assise en sa libre attitude
Traduit de tout objet un sens en l'ombre inscrit.

Le bruit de l'homme absorbe et voile sa prunelle ;
L'air du tumulte humain lui retire le jour ;
Ce n'est qu'en ce passé beau de l'aube éternelle
Qu'elle sait se trouver l'idéal et l'amour.

La Poésie éteinte en l'époque présente
Se réveille et s'étend sur le règne effacé.

L'œil peuple le Présent de la douleur cuisante,
Et de l'amour heureux il emplit le Passé.

Juillet 1840.

DES POÈTES.

Se lever avec l'aube, en un temps de gelée,
Surprendre le soleil à la rive des cieux
Lorsque l'étoile ardente à la voûte attelée
S'efface sur le monde encor silencieux ;
Se lever avec l'aube, en un temps de gelée,
Est un spectacle au cœur calme et délicieux.

Je me levai. Le givre avait ceint la toiture
D'un voile virginal en la nuit déployé;
Les beaux groupes sculptés vus à la devanture
S'éveillaient en le fond de leur antre égayé;
Je me levai. Le givre avait ceint la toiture
De la maison lointaine où l'art s'est essayé.

Le regard souverain qui tout le jour m'arrose
S'y levait, sur ce faîte au manteau virginal,
Et brûlait le tissu d'une poussière rose
Par le rayon tombé de son feu matinal;
Le regard souverain qui tout le jour m'arrose
Empourprait d'un lit d'or le givre glacial.

Comme l'heure sonnait à la prochaine église,
Un mouvement se fit qui troubla mes esprits;
Des ombres surgissant par une échelle mise
S'étageaient lentement à mes regards surpris;
Comme l'heure sonnait à la prochaine église,
Des ombres s'élevaient sans jeter aucuns cris.

L'une d'elles déjà sur le sommet suprême
S'évanouissait blanche au soleil plus ardent,
Que l'échelle chargée à son issue extrême
Ployait de sa longueur sous un pas ascendant;
L'une d'elles déjà sur le sommet suprême
S'éclipsait en les feux du foyer fécondant.

« — Quels sont donc ces élus de la cité première,
Me disais-je, envahi de mystiques frissons;
Seigneur, Dieu de Jacob, les anges de lumière
Viennent-ils en la nuit écouter nos soupçons?
Quels sont donc ces élus de la cité première?.. »
Je lorgnai: les élus étaient de lourds maçons.

Sereine Illusion! chaste et divin prestige!
Quel sens à retirer de cette vision?..
En ces temps de tourmente où l'art tend au prodige,
Où le plus bas transmet par intuition;

Sereine Illusion, chaste et divin prestige,
Les élus seraient-ils les hommes d'action?

O nature en travail, ô terre débordée,
Ceux-là qui portent l'auge et jettent le ciment,
Seraient-ils ceux promus aux rives où l'idée
Coule d'entre les cieux par le rayonnement?
O nature en travail, ô terre débordée,
Le peuple est-il l'élu qui tient le firmament?

Non! mais ne lorgnez pas les sublimes poètes;
Regardez à distance et hors de leur travail
Ces dieux resplendissans par les splendides faîtes
Où la lumière eclate en des reflets d'émail;
Non! mais ne lorgnez pas les sublimes poètes
Echafaudant au ciel leur temple et leur portail!

Ils sont dieux, oh! sans doute, et l'aurore éternelle
Les enveloppe au front d'un plein rayonnement;
Mais ne les lorgnez pas pour trouver la truelle

Qu'ils cachent en les plis d'un grossier vêtement;
Ils sont dieux, oh! sans doute, et l'aurore éternelle
Vous les doit faire voir qu'au fond du firmament.

Chacun traîne un chaînon de la souffrance humaine,
Chacun porte son poids de fange et de limon;
Souffrent même ceux là que le Seigneur amène
A surprendre les lois closes au dernier mont;
Chacun traîne un chaînon de la souffrance humaine,
Et le dieu n'est pas tant qu'il échappe au démon.

Avril 1840.

SUR LES POÉSIES

DE

LAFONTAINE.

Le ruisseau qui s'enfuit à travers la vallée
Avec un si doux bruit et d'un si libre cours,
Qui l'arrose en tous sens de sa nappe perlée,
Rapide, fugitif, harmonieux toujours;

Le ruisseau qui s'étend, se partage à toute heure,
Enferme chaque plan, retient chaque terrain,

Et fait que la vallée, il le semble, y demeure
Comme un bouquet d'ilôts en un fleuve serein ;

Le ruisseau qui s'enfuit à travers la campagne
Développe au grand jour un chaste et pur réduit
Que les blonds nouveaux-nés que leur mère accompagne
Viennent fouiller sans cesse, hier comme aujourd'hui.

Il montre à ce point là tant de vie ingénue,
Tant de tableaux naïfs d'un monde présagé,
Que les petits enfans penchant leur tête nue
Plongent avec leur mère en ce Styx ombragé.

Là, l'enfance se plait, se développe, et s'ouvre ;
L'horizon n'a que grâce, amour, sérénité ;
Dieu rit dans ces chemins que sa présence couvre,
Et toujours le jeune âge y replonge abrité.

Puis, sur un autre plan — qu'un soin prudent dérobe,
Lors ce n'est plus l'enfance et son front ingénu
Qui vient s'y retremper en détachant sa robe ;
C'est quelque monde fait, égrillard — et cornu.

Des esprits alléchés des images obscènes
Que peuvent dessiner les objets mis en jeu
Par les souffles mauvais et les ailes mal-saines,
Par les lutins de l'air et les stryges du feu.

Cependant, ô Bon-homme, ô cynique candide,
La nature rit là si charmante en ses tours
Qu'il semble que, baignant d'amour ce val sordide,
Le ruisseau l'ait stylé de tout l'art de son cours.

C'est un vilain réduit ; les passions brûleuses,
Les appétits rongeurs s'y surexcitent fort :
Mais quoi ! tant d'idéal ont ces fleurs graveleuses,
Soi-même, l'on se risque, en garde sur son for.

Parfois, bien qu'on répugne aux images obscènes,
L'on entre un pied, un œil, n'y venant que pour l'art ;
Suivant sans voir le fait des trop friandes scènes
Que trouvent à tout champ le pas et le regard.

L'on y vient.. Mais quoi donc! ô cynique candide,
L'esprit a donc ainsi deux sens et deux côtés,
Et son cours qui se plait sur l'arène splendide,
Fuit donc chanteur aussi par les lieux infestés?

Votre œuvre, ce vallon que votre poésie,
Frais ruisseau vagabond, fait vivre en tous les sens,
Votre œuvre montre ainsi, double à la fantaisie,
Deux cotés opposés que suit un contre-sens.

Celui qui voit l'enfance et son désir novice,
Certes, a bien des fleurs, de sourians tableaux ;
Mais l'autre que consulte un âge amant du vice,
Recouvre des trésors en bien grand nombre éclos.

Ainsi l'esprit parcourt avec même puissance
Et le bien et le mal, fabuliste et conteur,
Et retrempe à la fois, divisant son essence,
Le vice et la vertu, trop pardonné fauteur ?..

Ah ! que l'homme est bien double, et comme il le décèle
Dans la trace qu'il laisse après avoir passé !
Ici, d'éther divin, ô source universelle !
Et là, d'impur limon, ô poète effacé !

Août 1840.

D'UN ÉCHEC GLORIEUX.

A VICTOR HUGO.

Lorsque le conquérant porté vers quelque sphère
Arrive, tombe ou recule au moment souverain ;
Ce qui doit le grandir, ce qui doit le refaire,
Ce qui doit lui garder le front haut et serein ;

C'est ce vif ralliement des étoiles sublimes
Qui vient le célébrer du plus haut point du ciel.

Le trône peut manquer à ses droits légitimes ;
Le ciel l'a nommé roi, c'est là l'essentiel.

Décembre 1839.

Un an après l'échec, le concours le couronne ;
Il est reconnu roi de l'Olympe ébloui,
Et prêt à célébrer qui lui barrait le trône,
Et qui tomba bientôt pour être absout par lui.

Janvier 1841.

D'UN VIEILLARD.

Sur le Mont réputé qu'à plaisir l'on dérange
De sa fière attitude et de son riche aspect,
Il est, de ceux anciens, il est un arbre étrange
Qui, bien que répulsif, impose le respect.

Pas un jour que je passe au courant de l'allée
Que mon œil ne s'arrête et ne se donne à lui.

D'autres ont plus d'attraits ; non, mon âme appelée
Se porte tout d'abord vers le sévère appui.

— C'est par ce sentiment de compassion grâve
Dont se prend notre cœur devant les insensés ;
Pitié toujours croissante, et qui dans nous se grave
De ce que la raison apporte en nos pensers. —

Il est donc là, souffrant, comme atteint de folie.
Sous le ciel qu'il voudrait éventrer de son front,
Il se dresse irrité : mais le bois qu'il déplie
N'éclot pas plus de bruit que de feuilles son tronc.

En tout l'épais contour de sa haute stature,
Pas un seul frais rameau, pas une herbe qui dort.
Une écorce rugueuse, une aride sculpture ;
Un flanc nu, que le bois ; nulle sève : il est mort.

Seulement vers le cœur où l'on pourrait atteindre,
Alors qu'il crie au ciel qui ne lui répond pas,

D'une sèche broussaille il vient comme se ceindre ;
Il pousse, hérissés, de vains branchages bas.

Il est mort ; cependant, presqu'à hauteur humaine,
Il montre comme un nœud d'éclats obscurcissans
Que semblent ressortir sa colère et sa haine
De ne point entr'ouvrir de feuillages puissans.

Rien de plus triste. Il souffre, il se tord sous la voûte,
Il implore le ciel de ses bras convulsifs,
Et comme rien de Dieu dans son flanc ne s'égoutte,
Il répand de son cœur mille jets offensifs.

Spectacle douloureux, hélas ! triste spectacle.
La vieillesse si sainte et d'un si grand amour,
Est là rude et cruelle, et barrant de l'obstacle
L'aile qui veut venir prendre sa place au jour.

Je le fixe, et soupire. — Hélas ! misère grande !
Quand l'esprit a donné ce qu'il pouvait tenir,

Ne faut-il donc pas bien qu'à la force il se rende,
Qu'il dorme insoucieux de quoi peut advenir?

Arbres morts, cœurs éteints,—matière, esprit,—Vieillesse!
Planez sans nul effort, soumettez-vous a Dieu.
Pourquoi tant essayer, pourquoi cette faiblesse?
Demain? demain, hélas! peut vous rayer du lieu.

Cette place où trente ans vous vécûtes prospère,
Et d'où, ce jour présent, vous vous tordez en vain,
Vous pouvez en tomber, si le Dieu notre père
L'a marqué de sa loi sur le feuillet divin.

Règnez donc, ô vieillard! sans tourmente, sans haine,
Et vous satisfaisant de l'ombrage versé;
Dormez ce jour!.. et nous, intelligence humaine,
Allons! d'un cœur pieux pour le pauvre insensé.

Juin 1840.

LE TERRE PLAIN.

A Madame V. H.

C'était en mai, Madame, en la saison charmante
Où la création vierge et tout bas aimante
Rit à tous les objets d'humbles et de vifs regard·
Un terre-plain enclos de sarmenteuses branches
Mélait les boutons d'or aux paquerettes blanches :
Un monde émerveillé demain aux vents épars.

✻

Les espoirs fugitifs, les furtives chimères,
Les soleils mensongers vides comme éphémères
Qui figurent en eux, doux prestige moqueur,
L'astre flambeau des cieux et source de la vie,
Sous la flamme joyeuse et d'ailes poursuivie
      Se balançaient en chœur.

Or sur ce terre-plain de nature riante,
Sur cette herbe à la vie ouverte et souriante
Une faux s'abaissa, qui fit le sol désert.
Aux yeux du cœur heureux de la troupe ingénue,
Un instrument de mort laissa la terre nue,
Et tint muet ce point plein d'un si gai concert.

Un bras lourd et pesant avait fait ce ravage,
Un sarcleur centenaire à barbe de sauvage
Qui figurait assez ce sourd vieillard : le Temps.
Sous ses coups tout tomba ; boutons d'or, paquerettes,
Gisèrent confondus dans les herbes soustraites
      Éteints et palpitans.

Puis, quelques temps passés, ces traces disparues,

Voici que de nouveau, dans les herbes accrues,

Soleils, rayons, éclairs, s'entrecroisent joyeux.

Comment? rien que de simple. Un instant morne, vide,

Le terre-plain au ciel ouvrant son flanc avide

Avait bu le rayon toujours prêt en les cieux.

Le ciel s'étant versé sur la place flétrie,

L'avait refaite vite et vite renourrie

De ses trésors si doux, neuves Illusions!

— Que fait le temps, Madame, et que fait le ravage?

Il sait bien se trouver du splendide rivage

  Des compensations.

En est-il de ces cœurs éteints à leur aurore,

Désertés au matin que leur perle est encore,

En est-il qui, plus vifs, ne rebrillent au jour

Dès que tombe sur eux une pure lumière?

Ames! vous regrettez votre splendeur première;

Aimez! l'Illusion renait avec l'amour.

Aimez! il est toujours sous le ciel, sur la terre,

Toujours Dieu dérobé dont le flot salutaire

Lave, retrempe, essuie, et sait régénérer.

Il est l'enfant rieur et la femme soumise,

Le foyer maternel d'où le jour se tamise,

  Ou Dieu sait demeurer.

Juillet 1840.

LA VACHE.

Lorsque je l'apperçus, la pauvre vieille mère,
Traversant ce Paris encombré du passant,
Je sentis à mes yeux venir la larme amère
Que donne à tous les maux mon cœur compatissant.

Elle passait, livrée à la main implacable
Du brutal étalier que la tirait à lui,

Le col emprisonné du triple nœud du cable
Qui l'allait maintenir en son dernier réduit.

Sa tête qui jadis ruait les cornes hautes,
Pendait sans aucun nerf qui la pût desceller...
Son ventre gémissant arquait toutes ses côtes,
Ses jambes flagellaient à ne pouvoir aller.

Plus rien dans sa mamelle; il flottait, morts et vides,
Ses longs pis autrefois féconds et ruisselans;
Entre les os heurtés de ses jambes livides,
Ils s'entre-choquaient mols en lui fouettant les flancs.

Le squelette vivant d'un animal informe;
L'œil pouvait s'abuser et s'induire en erreur,
Et désigner cheval la vieille vache énorme,
Tant était grand son mal et grande sa maigreur.

Et quelle honte, hélas, elle témoignait d'elle!
Son grand œil rond pleurait en cherchant le pavé,

La sueur la baignait, la pauvre haridelle,
Et son dos se rentrait sous un pas énervé !

Cependant, accourus, le boutiquier stupide
Lui lançait au passage un grossier quolibet,
Le cocher lui poussait quelque dogue intrépide,
L'écolier à sa piste en sournois la daubait.

Chacun riait, hélas! de la triste encolure
Et des maigres fuseaux que l'on faisait courir ;
L'un raillant la carcasse, et cet autre l'allure ;
Tous l'être agonisant qui s'en allait mourir.

Et pas un ne songeant que cette outre vidée,
Que ses flancs amoindris ou l'os se trahissait,
Que cette créature et débile et ridée
Avait porté le lait dont il se nourrissait.

Et pas un seul ému de voir, morne et brisée,
Cette mère féconde et bonne à toute faim,
Traîner par les ruisseaux sa mamelle épuisée
Sous le bras sans pitié du bourreau de sa fin.

Rien que de l'ironie, une parole acide,
Un regard éhonté malveillant et moqueur,
Le mépris. — O Paris! ô ville déicide!
N'auras-tu donc jamais d'entrailles ni de cœur!

Avril 1840.

SUR LES ÉPITRES

DE

BOILEAU.

C'était dans un jardin d'architecture austére,
Dans un de ces beaux parcs taillés superbement
Où le jour laissé libre écartant le mystère
Sème par tous les points un sourire charmant.

Midi règnait. L'allée, unie et nivelée,
Haute et se profilant alignée au cordeau,

Du soleil répandu sobrement étoilée
Laisse voir du ciel bleu d'entre son gai rideau.

Une nature stricte, émondée et vivante.
Les chemins plats, battus, mais sablés d'un grain d'or.
La ligne calme, et puis, fermeture savante,
Le mur en hémicycle où renfle un vert trésor.

— C'était en ce jardin, déjà sa poésie ;
Déjà dans son ensemble un rappel saisissant
De son œuvre restreinte, élaguée et choisie
Maintenue en dépit du reflux tout puissant.

Or, sur le banc en courbe étayant la charmille
D'un rond-point de ce parc qui l'annonçait si bien,
Il gisait, — son esprit se riant en famille ; —
Appelé, puis laissé pour quelqu'autre entretien.

Oui, lui-même, Boileau. Lui-même. Quoi d'étrange ?
Le lieu sait s'appliquer qui marche à sa hauteur.

Sous cette voûte où l'air trouble égale la frange,
Il peut bien se trouver le sens régulateur.

Il avait été pris du rayon magnifique.
Tout or et fin velours, et fermoir ciselé.
Et là, riche posé dans l'herbe pacifique,
Il répétait ce lieu qui l'avait appelé.

Ouvert à cette page où sa voix énumère
Les produits dont prend soin son heureux jardinier,
Il récapitulait si la muse éphémère
Avait bien rendu juste et dit le mot dernier.

— Eh oui, tout est bien dit: les profondes allées;
Au bout, les espaliers; puis, à quelque détour,
Près du puits d'où sort l'eau pour les fleurs accablées,
Les melons enchâssés qui dorent leur contour.

Tout est dit; et le vol des fauvettes peureuses
Qu'effarouche la muse en ses élans de voix;

Et le regard béant vu des branches ombreuses
Qui pense qu'il est fou de quereller les bois... —

Hélas ! délaissé seul, il se dit à lui-même
Qu'il est judicieux, exact, vrai, rigoureux.
Il se le dit par lui, puisque l'esprit qui l'aime
Ne l'en confirme plus d'un regard amoureux.

— Nature folle et double ! Elle était là, liseuse ;
Elle avait rejeté sa dentelle et son dé,
Puis, plaçant maint bijou tiré de sa causeuse,
Elle se récitait, son corps souple accoudé...

Grave esprit ! ce grand vers du siècle poétique
Dont elle a dans son port la jeune majesté,
Ce grand vers la tenait sévère et dogmatique
— Dans un charmant maintien au miroir ajusté.

Mais quoi ! ce vif portrait rayonnant devant elle
La distrayait fort peu de ce miroir parfait

Qui disait de tant d'art la nature immortelle
Qu'elle touchait du doigt, qu'elle suivait de fait.

Boileau la captivait, — n'étaient que deux secondes
Distraites pour tenir, d'un effort indigné,
Ses cheveux dont le vent froissant les grappes blondes
L'a dérangeait dans l'air d'une autre Sévigné.

Elle lisait. Soudain la grille au fond résonne,
On entre, un citadin sentant loin son terroir ;
Et pour un seul moment faire acte de — personne,
Le livre est oublié, même l'autre miroir !

Hélas !.. l'un garde encor la nature-modèle,
L'objet longtemps fixé s'y retrouve, gravé ;
Boileau se dit toujours dans la glace fidèle ;
Mais l'autre !.. — Il le redit ! ô symbole trouvé !

Oui, votre cher jardin, oui, les strictes allées,
Oui, les chemins rieurs disciplinés et verts,

Vos épitres, ô Maître, elles sont redoublées
De ce miroir placé devant votre univers.

Et c'est bien votre image, et votre image franche,
Cette glace où s'en vont se grouper les objets.
Ainsi vous rapportez la fleur, l'oiseau, la branche ;
Ainsi les lieux sont vus en vos doctes sujets.

La glace embrasse peu, mais sa feuille splendide
Arrête les objets d'un merveilleux éclat.
L'épitre comprend peu, mais sa face candide
Fait dormir plus serein le tableau qui vit là.

L'horizon nébuleux s'épure par le verre ;
Cette surface étroite avive la clarté ;
Oui, Maître ; et dans le cours de votre lit sévère
L'horizon étréci gagne en sérénité.

Juillet 1840.

LE GUIDE.

Lorsque le jour descend sur la montagne haute,
Que la nuit reployée au plus bas de la côte
S'éveille du sommet un instant recouvert
En ces temps qu'elle dort d'un regard grand ouvert;
Par les sentiers boisés qui frangent la colline,
Un vieillard d'aspect pauvre et dont le corps incline

Sur un baton noueux tout sali du chemin,
Passe, un chétif enfant le guidant par la main.
Il monte. Le terrain sous son pas se dérobe.
Par degrés l'ombre fuit des replis de sa robe.
Sa tête qu'il tient haute et fixé devant lui,
S'éclaire plus en plein de la flamme qui luit.
Son œil n'aperçoit pas, hélas! car, terne et vide,
Il boit sans s'abaisser le jet qui se dévide
Et tombe de cet œuf ardent sur l'horizon.
Mais il monte. Il gravit d'une aveugle raison
Ce chemin dont il croit au but qui le termine,
Et, pauvre œil confiant, grandit et s'illumine.

Le frêle enfant naïf qui le guide en riant,
Voit pour lui ce que doit contenir l'orient;
Il se pressent qu'au fil des lumineuses nues
Les sentiers éclairés, les blondes avenues,
Vont s'ouvrir tout-à-coup sur un champ lumineux,
Et passe par ces murs dont il brise les nœuds.

L'enfance insoucieuse, ignorante et débile
Dirige la vieillesse en sa marche inhabile
Que lui fait la misère et l'excès des travaux.
Et celle-ci croit-elle, et les chemins nouveaux
Lui semblent-il battus, tant cette main fervente
A soin de la garder de la folle épouvante
Qui la prendrait peut-être en sachant le trajet.
La vieillesse endormie et morte à tout objet
Abandonnée aux soins de l'enfance bénie,
S'en va bientôt trouver une route aplanie,
Et, par les vingt circuits qu'elle ouvre à son insu,
Tend vers ce point d'où Dieu de tous est aperçu.

Oui c'est ainsi. Toujours. L'ignorance est le guide,
L'ignorance est le sens qui voit mieux dans le vide;
L'ignorance, la foi; l'ignorance, Jésus.

Spectacle! Ce vieillard aux haillons recousus,
Cet enfant à la robe écourtée et douteuse,

Oui, c'est l'Humanité relevée et boiteuse.

O poètes ! ô rois ! vous fuirez sous le ciel,
Votre œil se fermera sous un destin cruel ;
Vous irez, dieux chassés, vagabonds par ce monde
Auquel vous aviez droit pour une paix profonde ;
Traqués, fuis en proscrits, vous fuirez sous le jour
Où votre œil ne saura choisir un noir séjour ;
Vous tomberez, ô rois ! vous passerez, poètes !
Et quelque enfant sorti de ces villes muettes
Sous lesquelles jadis votre puissance a lui,
Viendra choisi de Dieu pour vous mener à lui.

Humanité ! gémis ! Erre, monde en souffrance !
Voici qu'à l'orient l'étoile d'espérance
Se lève sur un front lumineux entre tous ;
Que les mages conduits et courbés à genoux
Devant cet humble esprit qui leur rit dans ses langes,
Élèvent sous le ciel de mystiques louanges ;
Que l'enfant se levant va bientôt les guider

Dans ce chemin promis que Dieu savait garder;
Et qu'entraînant à lui mages, rois, multitude,
Inclinant tous les cœurs à sa mansuétude,
Les refaisant fervens à sa sérénité,
Va te remettre au jour, aveugle Humanité!

C'est ainsi. C'est la loi. Que notre orgueil s'y rende.
Gardons-nous bien toujours dans l'humilité grande;
Et pour aider du mieux à ce monde à genoux,
Soyons fervens en Dieu, soyons humbles sur nous.

Juillet 1840.

STROPHES-LISERONS.

A AUGUSTE VACQUERIE.

Ami, sur le sommet du mont très-accessible
Où jadis Enfantin vint s'ériger en dieu,
L'apôtre s'est trouvé maint refuge paisible
Qui lui fait emporter votre Enfer de son lieu *.

Il ouvrait ses battans sous un ciel assez terne,
Votre royaume aimé qui le tient si souvent;

* L'*Enfer de l'Esprit*. Un beau livre.

L'arche sourde où, la nuit, l'étude le prosterne
Ne porte à sa paroi qu'un flambeau décevant.

Il faisait bien pourtant. Comme en ces puits d'Asie
Dont le Maître a parlé dans son livre nouveau,
Les rameaux abondans de votre poésie
Projétaient des lointains aux murs de son caveau.

Maintenant c'est tout autre. Il flotte avec les branches,
Monte avec les oiseaux et rit avec le fruit,
Tous ces hôtes divers de vos pages si franches,
Tout ce monde vivant que vous avez construit.

Il est mieux. L'œil confond les doubles perspectives ;
L'oreille unit les voix des abris confondus.
— Ce parfum, ce soupir, bus des lèvres plaintives,
Sont-ils montés du livre ou du ciel descendus ?

C'est ainsi. L'art s'accouple à la nature vive ;
Le reflet au rayon s'allie en un seul jour ;

Et peut-être sous Dieu, par qui tout se ravive,
Fait-il encor plus beau dans le riche séjour.

Or, que juillet brûlant fasse monter de terre
Les frileux liserons en mai fermés encor ;
Au regard de l'enclos clément et salutaire
Maints roses clochetons sonneront quelqu'accord ;

Des cloches d'un doux sens ouvriront par volées
Au pied du cher refuge où l'oiseau se sourit ;
— Des vœux épanouis des strophes enroulées
Salueront votre livre où se complaît l'esprit.

    Mai — Juillet 1840.

L'ÉGLISE.

A AL. DE LAMARTINE.

Pour l'humble voyageur que Dieu seul accompagne
Errant par les détours de la vaste campagne,
Pour l'esprit solitaire aventuré, rêveur,
Dans les sentiers perdus que la plaine démontre,
L'église et son clocher que le regard rencontre
Est le point de secours ou reprend sa ferveur.

— « Ou suis-je ? J'ai marché la longue matinée ;
J'ai battu cette plaine aux yeux environnée
D'un horizon brumeux dont la fin toujours fuit.
Par quelle route aller ? par quel chemin retendre ?
Je suis las ; je ne sais s'il ne me faut étendre...—»
Il fixe. Le clocher chante au loin devant lui.

Il reprend. « —O secours ! le but ! voila l'église,
Le lieu saint dont l'esprit que le mal paralyse
Sait toujours s'affermir pour le chemin nouveau.
La loi de Dieu vit là. Tabernacle ! arche sainte !..—»
Il marche. L'hymne ardent qui brûle dans l'enceinte
L'appelle, débordant en éclairs du claveau.

— « C'est l'église ! O Dieu bon ! de l'arche tutélaire,
Du temple ou sur l'autel la loi qui nous éclaire
Se retient conservée en exemple pour tous,
De cet asile monte encor la voix divine
Qui fait au voyageur perdu dans la ravine
Un guide radieux qui le conduit à vous !

« Abri trois fois divin ! Je doute, et votre vue
Me refaisant bientôt l'âme de foi pourvue,
Remet dans le chemin mes pas intimidés ;
Je marche, et votre voix, par qui Dieu se révèle,
Me fait déjà rempli pour la route nouvelle
Du nom et de la loi du Dieu que vous gardez ! — »

Rêveur guidé de Dieu que partout il retrouve,
Seul avec cette fin qu'à toute heure il se prouve,
Mais suivi, ce soir là, d'un de vos divins chœurs ;
Vous écoutant tout bas en menant sa pensée
Et se cherchant au bruit de votre hymne laissée
Quelque humble enseignement souverain pour les cœurs ;

Errant accompagné de l'hymne — la Prière,
Le clocher de l'église assis sur la clairière
Enseignant dans le loin à ses pas incertains,

Lui fit tourner vers vous ce sens et cette idée.
Oui ! car s'il remettait sa marche hasardée,
Celui qui lui chantait aida bien des destins !...

Poète, pour ceux-là perdus en cette vie
Et qui, seuls avec Dieu quand leur âme dévie,
Cherchent à l'horizon un point pour se porter ;
Vous, nature sublime, âme ou la loi touchante
Est écrite et gardée, et que la lèvre chante,
Que le cœur entretient, que l'esprit sait chanter !

Poète, pour ceux-là, vous êtes le haut temple
Que d'entre l'horizon leur faiblesse contemple !..
Temple saint tout rempli du nom du Dieu vivant !
Qui de l'humanité, qu'à l'autel il entraine,
Défend les droits sacrés sous sa voûte sereine,
Et dont l'hymne d'appel chante Dieu par le vent !

Août 1840.

LA DEMEURE GARDÉE.

A GABRIEL V—.

Il ne t'avait point vu depuis nombre d'années,
L'ami qui, d'un destin à ton destin pareil,
Vint ce soir regarder, ses lèvres condamnées,
Dans ton cœur dont un jour il fut tout le réveil !

Muet donc sur lui-même et les fins de ses heures,
Il contempla longtemps dans tes esprits ouverts ;

Et revoyant par eux à de chères demeures,
A celle-là de l'aube, il t'écrivit ces vers.

———

Ami! d'un champ lointain dont un jour je fus l'hôte,
Où s'entrouvrit la fleur de mon pauvre esprit mûr,
J'aime, lorsque la lune erre en la voûte haute,
A m'aller rechercher ce que m'enclot son mur.

Par les sentiers ombreux dont mon pas courbe l'herbe,
— L'oubli luxuriant qui verrouille le seuil, —
J'écoute si ma voix, jadis maître et superbe,
Eveille encor l'écho comme en mes jours d'orgueil;

Si mon nom tant redit de l'arche hospitalière
Ne s'est point effacé, l'arche pleine de nuit;
Si le chiffre sculpté s'est fermé sous le lierre;
Si le germe natif ressort d'entre le gui.

Il était une source où mon cœur venait boire,
Eau qui me reflêtait, qui souriait sous moi :
La source a-t-elle fui ? l'onde dort-elle noire ?
Si ma lèvre y tentait, me dirait-elle : boi !

Soigneux, j'avais guidé vers la clarté sereine
Un épais chèvrefeuille où s'abritaient les maux :
Sans mes soins, pousse-t-il sa chevelure reine ?
Comme celui que j'ouvre, étend-il ses rameaux ?

Et si d'un des sentiers que mon pas interpelle
Il me vient seulement un soupir de ma voix ;
Si sur l'arbre envahi le chiffre encor s'épelle ;
Que l'arche, comble alors, sonne mon nom parfois ;

Que la source altérée abreuve un peu mon âme,
Et me rende un sourire à son cours essayé ;
Que l'arbuste m'épanche un de ces jets de flamme
Comme il en pend peut-être à mon arbre étayé ;

Heureux, je bénis Dieu qui ne veut pas que meure

Tout ce que je voyais du lieu que je rempli ;

Je bénis Dieu de voir, par toute la demeure,

Mon souvenir gardé vainqueur d'entre l'oubli...

— Ami ! moi de ton cœur un jour souverain hôte,

Lorsque je vois dans toi ce que je te décris,

Pureté, poésie, — amitié que rien n'ôte,

Heureux, je bénis Dieu qui veille en tes esprits.

Mars 1839.

D'UN DÉSENCHANTEMENT.

Homme! pourquoi l'avoir désenchanté si tôt?
Pauvre enfant! — Il suivait le chemin du château.
Leurré de cet espoir d'une âme charitable
Qu'il trouverait là-bas bon hôte et bonne table
Du magique instrument qu'il touche de tant d'art,
— Une humble vielle, un orgue incomplet et bâtard, —
Il cheminait. Joyeux, plein de mille gambades;
Saluant les passans de rapides aubades;

Et de sots, et de bons, récoltant les gros sous.

Il cheminait ainsi : souriant en-dessous

Aux femmes, qui riaient de tant de gentillesses.

Souple, alerte, vêtu d'habits de toutes pièces;

Le ventre creux, sans doute, et de grand appétit,

Mais pansé, mais repu, mais gai, pauvre petit,

De ce dîner de roi dégusté par avance.

Alors vous, dans le temps qu'avec joie il s'avance :

— Aie! ah! le piailleur! L'ami, que ne vas-tu

Jouer devant la porte où se tient, d'or vêtu,

Le laquais du château que le service appelle;

Il éteindrait bien vite, à grand revers de pelle,

Le moineau dont le cri me fêle le tympan. —

— Quoi donc?... — Le pauvre cœur en larmes se répand

— L'on me trompait! — Il fuit. Muet, il rétrograde;

Morne, sans nul courage à quelqu'autre parade...

Et l'accueil que là-bas il pouvait recevoir,

Non du laquais, mais bien du maître aimant à voir,

Non pour son maigre chant, mais bien pour son idée,
L'assistance clémente à la candeur gardée
Lui fuit, grâces à vous, qui l'avez — prévenu.

Il s'en revient donc morne, et misérable, et nu;
Et sa croyance morte empêchant qu'il s'essaie
A pouvoir de nouveau gagner cette monnaie
Qu'il se réalisait une heure auparavant,
Il s'en va de ce pas s'ensevelir vivant.

Ah! n'arrêtez jamais, sous peine de souffrance,
Jamais nul de ces cœurs ouverts à l'espérance,
Qui s'en vont par les champs rêvant prince et château.
Hélas! la vérité ne se voit que trop tôt;
Hélas! Dieu met le vide alors que le pied ferme
Peut cheminer encore en espoir du grand terme,
Alors que le regard empli de la raison
S'est trouvé ce qui vit par delà l'horizon.

Ah! n'arrêtez jamais le pas faible et candide!
Laissez-lui bien le vague habitable et splendide,
Et, sous quelque raison et quelqu'amour ce soit,
Ne lui déflorez point le lointain qu'il conçoit.

Et ne niez non plus, ô délicats critiques,
Non plus tel instrument de ces âmes étiques.
D'abord, dites-vous jùste? Est-il vain? est-il faux?
Puis, malgré ses écarts, puis, malgré ses défauts,
Ne peut-il être élu d'un cœur prêt à l'entendre?
Laissez donc en sa foi cet harmoniste tendre;
Le temps, bien mieux que vous, s'il n'en sait s'exercer
Le temps saura toujours l'éteindre et l'effacer;
Et du moins s'il avait quelqu'aubaine à prétendre,
Quelque mal à calmer, quelque haine à détendre,
Du moins vous n'aurez pas la peine et le remords
De l'avoir enterré vivant entre les morts.

Août 1840.

Par un réduit obscur où le bruit de la terre
N'arrive à ses pensers que confus et lointain,
Il est une pauvre âme active et solitaire
Châtiée en tous sens des efforts du destin ;

Ce qu'elle saigne, hélas, sous un aspect austère,
Elle seule le sait, dont le rire est éteint !...

L'ange peut bien cueillir ses pleurs dits au mystère,
Et Dieu compter les traits dont son flanc fut atteint !

Mais la nuit chante au ciel des hymnes si splendides,
Mais l'enfance sourit des grâces si candides,
Mais la nature éveille en elle un si doux chant !...

Ami ! peut-elle bien, déchirée et proscrite,
Tendre à maudire Dieu cette voix favorite
Qu'il inspire toujours par un monde méchant ?

Septembre 1859

MARGUERITES-ILLUSIONS.

III.

Illusions! Fleurs, Marguerites pâles,
Reflets éteints du soleil tout-puissant,
Soleils trompeurs que les brises fatales
Rayent du sol à votre jour naissant!

Soleils! soleils! miroirs, reflets, mensonges
Regards de feu qui ne fécondez pas,

Qui vous fermez, introuvables, vains songes,
Lorsqu'un moment s'est fatigué le pas!

Illusions! la bonté paternelle
Qui vous fait tendre, à l'heure du printemps,
Sous nos regards, cette vive prunelle,
Sous nos yeux pleins ces regards éclatants!

Illusions! Fleurs de l'heure première,
Le Dieu bien bon qui dès l'aube vous sort,
Vous ouvre encor prunelle de lumière
Lorsque du jour se dérobe l'essor.

Vers la saison de la clarté tarie,
Lorsqu'agonise au vent la vie en deuil,
Voici qu'alors, de la terre assombrie,
Vous ressortez, des flammes dans votre œil!

A cet instant, Fleurs, Marguerites pâles,
Vous survivez, et d'un orbe agrandi,

Et les rayons de vos nimbes plus mâles
Montrant aux yeux les éclairs de midi !...

Illusions ! vers les heures sereines,
Vous éclatez, humbles de nom encor ;
Le jour baissant, vous vous réveillez, reines !
Et rendant mieux les feux de l'astre d'or !

Bonté de Dieu ; car si l'aube prodigue
Se satisfait d'humbles Illusions,
Le soir stérile, accablé de fatigue,
Demande au ciel d'ardentes visions !

Septembre 1839.

DE LA VIE.

« — Ami !... me viendrez-vous rejoindre en ma retraite ?
C'est fête à la commune ; il vous faudra passer
A travers mille chocs d'un bruit que rien n'arrête ;
Mais vous aurez devant l'ombre douce et distraite ;
Les champs, les cieux, puis, moi ! moi, pour vous délasser ! »

Ainsi cette voix sainte avait dit à son âme ;
Le quittant pour un jour et lui marquant là-bas,

Là-bas où le soleil va retremper sa flamme,
Le point qui les saurait rassembler hors du blâme,
Et qui, dans le trajet, devrait garder son pas.

Donc partant fort démis du vain poids d'une bourse,
L'ombre l'avait d'abord doucement abrité;
Les champs l'avaient trempé des ondes de leur source;
Les cieux accompagnés du jour suivant sa course;
Il n'avait eu que calme, amour, sérénité!

Ensuite, un sens moins sourd à la rumeur lointaine,
Son bonheur se troubla de quelque peu d'ennui.
Il entrait en la fête. Une face hautaine
L'arrêtait maintes fois dans sa marche incertaine.
Déjà l'horizon bleu s'obscurcissait de nuit.

Et bientôt, triste au cœur de la fête complète,
Son courage fléchit, son âme regretta.
— Hélas! où donc est Dieu, le champ qui le reflète!—
Il s'avançait, baissé, cherchant, fragile athlète,
Quel besoin l'avait fait sortir de son état.

Le bruit croissant toujours, sa pauvre tête prise
Ne conservait d'instinct qu'assez pour se garer.
— Où suis-je? qui m'attend? — La prière comprise,
Le rendez-vous, le but, tout, tant doublait la crise,
Se perdait dans sa tête et le faisait errer.

Même, était-il sorti d'un calme sédentaire?
Même, avait-il passé par des champs lumineux?
Départ, lointain, lieux, voix, s'absorbaient de mystère.
Une voix seule en lui ne savait pas se taire:
La douleur. Il souffrait, tombé presque haineux.

Et pourtant, l'on riait; des jeux de toute espèce
Animaient de bonheur cet espace nombreux...
— Un peu d'argent, la nuit — peut-être moins épaisse
Te verrait pris aussi du rire qui ne cesse!..
Pauvre, il trouve stupide et vain ce monde heureux.

Enfin l'heure a marché. Sa raison recouvrée
S'éclaire, dégagée et des heurts et des cris.

— Oui, voilà bien, ô Dieu, la retraite azurée ! —
Il vole, et, s'avançant vers l'image adorée,
Il se souvient alors du chemin qu'il a pris.

Il se souvient du ciel, des champs, de la nature,
De Dieu — toujours présent perdu du souvenir
Au milieu du fracas dont le pas se torture.
Il touche au soir vermeil, son œil qui s'aventure
Voit l'élément divin que l'aube sait tenir.

Et comme tout-à-l'heure il oubliait l'issue,
Comme le ciel fuyait du nuage obscurci,
Le combat affronté, la blessure reçue,
Le regret, la douleur — de la terre conçue,
A leur tour, par le ciel, vont s'oublier aussi !

— Je le conçois. Oui, l'âme engagée en la vie
Après avoir vogué par le jour et l'azur,
Sourde bientôt du bruit dont elle est poursuivie,

Ne se retrouve plus, dans sa marche asservie,
Du ciel et de sa fin rien qu'un instinct obscur.

Elle oublie, en marchant, et le lever splendide
Et le coucher lointain tout semblable au lever.
L'espace à parcourir, plein de l'ombre sordide,
La tient dans ce chagrin que chaque issue est vide :
Elle retrouve Dieu sur le point d'arriver.

Et là, toute à la joie atteinte et ressaisie,
Là, le mal passager doit se perdre et mourir.
Tout doit fuir d'ici-bas en la voûte choisie ;
Douleurs, vices, désirs, remords et jalousie ;
Tout, hors l'Amour divin qui nous sut secourir !

Août 1840.

FLEUR-MUSE.

A CAROLINE B.

Dans le jardin de votre père,
    Petite fleur,
Dans l'humble clos où Dieu prospère
    Beau de couleur ;

Toute la saison écoulée,
    Jours courts et doux,

La muse — par vous appelée —
S'est prise à vous.

Au courant des branchages sombres,
Par les fruits d'or,
Au cœur des bois et de leurs ombres,
Dans l'air encor,

Toujours elle se tint assise,
Cherchant vos yeux ;
Sans place marquée et précise,
Mais sous les cieux.

Votre père, âme de poète,
Esprit humain,
La rencontrait tendre sujette
De tout chemin.

Vous la teniez... Mais, faite libre,
O doux gardien,

Dans ce livre humble où sa voix vibre,
    Elle vous tient.

Elle vous assied pour la vie,
    A votre tour ;
Fixe, soumise à son envie
    — Et son amour.

Entre les bois, les fruits, les branches,
    Au clair milieu ;
Sous le reflet des clartés franches
    —Et du bon Dieu.

Et votre père, ouvrant dans l'ombre
    Ce cher trésor,
Trouvera, des routes sans nombre,
    La Muse encor.

Novembre 1840.

DU PEUPLE.

Dans le tableau resté de l'artiste célèbre
Au nom duquel se joint un souvenir funèbre,
    Dans le tableau des Moissonneurs,
Deux buffles attelés gémissant sous leur charge
Présentent leur poitrail étreint d'un cercle large
    Passé par les mains des meneurs.

L'animal vigoureux à la noirâtre écorce
Sous le fardeau trop lourd sentant tomber sa force,
  Avance en feux ses yeux hagards.
Perdant le souffle, outré, sa face virulente
Contractée aux efforts d'une lutte accablante
  Fixe de stupides regards.

Le buffle, pauvre fort, qui, dans les marais libre,
Maître en quelques terrains qu'avoisine le Tibre
  Avec produit rumine en paix,
Qui, vautré par amas, abattu pêle-mêle,
De grossiers alimens refaisant sa mamelle
  Épanche en l'herbe un lait épais ;

Le buffle, pauvre fort, qui, tiré de sa fange,
Sous la loi douce encor de quelque peuple étrange
  Tient les ravisseurs en respect ;
Qui, fait à surveiller les brebis en frairie,
Toujours sur la défense en gardant la prairie
  Chasse la mort de son aspect ;

Le buffle, ce stupide actif et tributaire,
Là, durement lié ventre courbé sur terre,
    N'a plus que la stupidité.
Plus d'instinct. Plus de lait. — Si l'on veut qu'il renaisse,
Il faut le rendre à l'air, à la prairie épaisse,
    Démis de la captivité.

— O peuple ! un jour surpris dans ta libre attitude,
Alors que tu paissais nu dans la solitude,
    Seul avec la nature et Dieu ;
D'abord mis à mener quelque troupeau sauvage,
Puis toi-même bientôt en un dur esclavage
    Conduis à gémir sous l'essieu ;

O peuple ! fécondant de ta sueur l'ornière,
Attelé, retenu, fouetté de la lanière,
    Par tes maîtres, princes et rois ;
Long-temps tu te courbas ; morne en ta servitude,
Et n'ayant d'autres soins, et n'ayant d'autre étude
    Que de reconquérir tes droits !..

O peuple, pauvre fort! long-temps sur les frontières,
Protégeant de ton corps les cités héritières
  Du bien à tes armes remis;
Long-temps sur la défense et faisant sentinelle,
De l'aurore au couchant tu n'ardais ta prunelle
  Qu'en haine de vains ennemis!

Peuple!... mais maintenant que les brigues sont mortes;
Maintenant qu'il n'est plus à surveiller les portes;
  Que délivrée est la tribu;
Qu'il n'est plus grande chaîne et grand pouvoir suprême;
Et que tu peux aller, et que tu peux toi-même
  T'assigner ton droit et ton but;

O peuple! crieras-tu sur toi comme naguère?
Te diras-tu toujours sous le fouet, ô vulgaire,
  Quand tes reins n'en sont plus frappés?...
Recouvrant de l'oubli des contraintes lointaines,
Ne sauras-tu venir reprendre par ces plaines
  Où tes pères s'étaient trempés?

Effaçant de ton cœur la trace bestiale,
Ne te prendras-tu pas à l'œuvre sociale
    Qui devrait seule t'envahir?
Et feras-tu pas mieux, ô troupeau tributaire,
Que de te tenir craint en quelque noir mystère
    Ne sachant que mordre et haïr?

Peuple! renais au jour, puisque le jour t'éclaire.
Dieu t'a créé robuste, actif et tutélaire :
    Réponds; aide au commun effort.
Travaille et rêve! en toi renourris la substance :
Approche la Nature; — épanche à toute instance
    Ton lait, ô pauvre buffle fort!

    Mai 1859.

D'UN BOUQUET.

A LUCILE T.

Lorsqu'en ces jours, chère enfant de mon âme,
Nous nous tenions vagabonds par les bois;
Que le soleil nous riait de sa flamme,
Que les oiseaux nous charmaient de leurs voix ;

A maint buisson trouvé sur le passage,
Ton doigt furtif cueillait avec la fleur

Le bel insecte à l'élégant corsage
Dont l'aile vive éteignait sa couleur.

En détachant de la haie étoilée
La cloche rose où l'or étincelait,
Tu surprenais la créature ailée
Dont le soupir aussitôt s'exhalait.

Et grande alors était ton épouvante,
Lorsque vidant ta corbeille au logis
Tu retrouvais cette aile mi-vivante
Dans la fleur morte aux pans de sang rougis!...

Ainsi le vase empli d'une eau dormante
Ne baignait plus la vie et la couleur,
Mais recevait dans sa conque charmante
Un double crime, innocent oiseleur !

Trésor amour ! Moi que l'âge préserve,
Et qui sais bien qu'il ne faut arracher
Nulle fleur tendre au nid qui la conserve,
Sauf à la voir en les mains se sécher ;

Moi qui sais bien que tout ce qui fascine,
Clochette, lys, rien ne vit sous les yeux
S'il ne joint à la fleur la racine,
Et qui par là ne prends rien que des cieux ;

Qui sais encor que l'Illusion—gaze,
Ce papillon sur la fleur éployé,
S'éclipse ou meurt si l'on tient sur le vase
Un regard lent, imprudent—et noyé ;

Moi, cher amour, pensif en ces allées,
Respectueux en ces sentiers fleuris
Où nous errions les ailes accouplées,
Je me cueillais quelques espoirs surpris.

Et quand ta main parquait dans le vain vase
Ce bouquet mort—sur lequel tu pleurais,
Moi, dans le livre ou leur peuple se case,
Je déliais mes symboles soustraits.

Enfant! pour Dieu, les esprits et les âmes,
Je conservais ces biens en Dieu cueillis...
— Ont-ils, hélas, gardé toutes leurs flammes !
En leur tombeau sont-ils ensevelis !

Juillet 1840.

D'UNE OMBRE.

Depuis l'heure où la France envoya la frégate
Qui le ramène au port après cinq mois de mer,
Un bruit contradictoire à sa mémoire éclate
D'enthousiasme fol et de regret amer.

L'un dit : — Justice est faite. Un dieu sans nul exemple
Devait venir trôner à l'ombre de ce ciel
Où chaque culte libre a son trône et son temple,
Où chaque déité voit parer son autel.

L'autre : — Taisons le dieu. Le génie est un homme ;
Il erre en son orgueil s'il s'égale au Très-Haut ;
Mais de la cité mère où son œuvre le nomme,
Il faut que le vainqueur ait au moins un tombeau.

Et le bruit continue.—Aveuglement ! démence !
Ils appellent le faîte un monument d'un jour ;
Et l'Océan où Dieu retrempe l'astre immense
N'est point le lit dernier marqué de son amour !

— Seigneur, Seigneur ! de vue ils perdent ta sagesse ;
Ils vont chercher la mort que tu gardais là-bas,
Et ramènent au prix d'une folle largesse
Le foyer étouffé qui brûlera leurs pas !...

Et le bruit continue. Et la flotte qui double
Atteint enfin le cap battu de l'Océan.
Et pendant ce temps-là de scandale et de trouble,
On ouvre le sépulcre où se tient le géant.

Cependant les débats, la pierre est enlevée ;
Un grand silence règne autour du lourd cercueil ;
Et celui par lequel la foule est soulevée
Se découvre endormi calme dans son orgueil.

Pas un trait n'a changé de sa face suprême,
Pas un muscle visible un instant a frémi.
Il est le front de marbre éclairé du saint-chrême,
Et le regard livide à jamais endormi.

Ainsi que disait-on, ô dépouilles sacrées !
Ainsi qu'était ce bruit que ton nom éveillait !..
Tu ne voulais plus rien des rives consacrées,
Tu ne voulais plus rien du ciel qui t'appelait.

Que parlait-on d'oubli, de souffrances, de chaînes ?
Tu reposais en l'Etre et tu reniais tout ;
Et les vœux rallumés, et les vivaces haines,
Et la guerre éternelle à ton ombre debout.

Ta colère avait fui; ton ressentiment même;
La Voix t'avait parlé dans le tombeau secret;
Et par ton calme saint tu confirmais toi-même
La grandeur du Très-Haut dans son sage décret.

Hélas! le ciel pleurait sur ta tombe fouillée;
Ton génie accouru repleurait sur ton sort;
Mais quel rayon perçant de la voûte souillée
S'unissait au dédain de ton sourire mort!

Tu reviens cependant; la frégate dérive;
Et, pouvoir éternel de ton destin clément,
Les esprits divisés fixent tous vers la rive,
Et tout le bruit contraire est un tressaillement.

Sentir ton corps vainqueur s'approcher de leurs villes,
Les cœurs ont remué, les esprits sont surpris;
Les ressentimens sourds, les contraintes serviles
Tombent : un peuple grand t'appelle de ses cris.

Et voici que le roi, la noblesse et la plèbe

Sont un corps ébloui, surpris et prosterné ;

Et que le jour s'étend au plus noir de la glèbe,

Et que le ciel s'entr'ouvre, et que l'Ombre a plané !..

Mânes ! approche donc ! viens, ô puissance reine !

Garde-toi dans ces murs du soldat surveillé.

Sois donc le Dieu, toi l'ombre auguste dont s'entraîne

La grande foule éparse et le flot rallié !

Ombre ! reste en ces murs. Sois l'immuable Idole.

L'esprit qui te nia te dira le Très-Haut,

Si pour les temps ainsi cette humanité folle

Se rallie en un corps au pied de ton tombeau.

Si le roi délaissant son clément diadème,

Si le peuple abaissant son despote courroux

S'inclinent en un corps sous ta face suprême,

Et nomment le Seigneur en ployant les genoux.

Ombre ! règne à jamais sur la plus haute cime ;
Car ce que l'esprit libre appelle dans son vœu,
C'est de voir pour les temps ce spectacle sublime
De la terre soumise au regard d'un seul Dieu !

10 Décembre 1840.

A ÉDOUARD P.

Un seul nom rayonnant en tête de ce livre
Dévoile aux rares cœurs qui voudront se livrer
Quel sentier, quel chemin l'esprit tente de suivre,
Et quelle fin encore il cherche à rencontrer.

Or, pour dire en un mot quels vœux le font poursuivre,
Quels secours précieux le savent assurer,
Et quel refuge tendre encor le voit revivre,
Ton nom en fin de tout se vient donc démontrer.

Ami, ton humble nom, grand du cœur dont il brille,
Ton nom lui résumant par lui seul la famille;
Mère! et frères, et sœurs,—et celui mort aussi!..

Au sommet de sa vie il se garde du Maître;
Au fond, de la famille, — et d'autres cœurs peut-être!
Et comme IL luit là-haut tu reposes ici.

Décembre 1840.

Comme complément à l'annonce de sa pensée, l'auteur livre encore le morceau suivant. Aussi bien, il a parlé là-haut — Du Peuple — d'une manière trop brusque et trop peu développée. Ces grandes questions de l'Avenir qui travaillent à cette heure les plus nobles et les plus dignes esprits, le préoccupent depuis longtemps. Déjà, dès 1837, il avait formulé, lui novice dans l'art d'écrire, son Code; et comme ce code lui a été confirmé par l'expérience de quatre années possible et acceptable, il l'insère; et s'accusant le premier de l'imperfection grande de la — forme.

LE DÉPART.

AUX ENFANS DE L'AVENIR.

I.

Vous partez, enfans ! Têtes blondes,
Fronts abrités d'un ciel d'azur,
Vous allez aux sources profondes
Livrer un pied encor peu sûr !
Fuyant les champs, le doux asile,
Les jeux où votre corps agile

Se livrait avec tant d'amour,
Vous vous rendez en la grand' ville,
Assujettir un bras servile
Si libre et si fort au grand jour !

Adieu donc, à la fleur de l'âge,
Aux plaisirs, à la liberté,
Aux vertes tentes de feuillage,
Au vaste cirque velouté !
Adieu donc à l'immense plaine
Où, bondissant à perdre haleine,
Vous sembliez de blonds chevreaux !
Le ciel n'est plus votre domaine ;
Enfans, il faut porter la chaîne,
La chaîne des pesans travaux !

Vous quittez le nid où vos mères
Vous faisant toujours bleu le ciel,
Exprimaient des fleurs éphémères
Pour vous abreuver d'un doux miel.

Adieu donc, frivoles abeilles,
Les fruits jetés en vos corbeilles,
Les mets tendus à votre faim;
Le temps a gâté ces merveilles;
Il vous faut du fruit de vos veilles
Acheter un pénible pain!

Le changement est grand, mes anges;
Plus de fruits, de miel, de lait pur;
Plus de molle crèche aux doux langes;
Mais un lit froid, mais un pain dur!...
Oh! qu'il vous faut donc de courage!
Oiseaux, vous affrontez l'orage!...
Eh bien! pour résignation,
Pour supporter votre esclavage,
Gardez comme pain et breuvage
Le pain de la Communion.

Oui, gardez fort en vous le corps de votre Maître.
Devant les sacremens vous venez de paraître,

Jésus le pain de tous est descendu dans vous ;
Eh bien, conservez-le, divine nourriture,
Pour nourrir votre force et pour braver l'injure
Que votre nouveau sort vous apprête en ses coups.

> Gardez en vous Jésus, mes anges ;
> Comme vous, tout petit enfant,
> Il eut à son lit de doux langes
> Ce sourire qui nous défend :
> Une mère veillait sa crèche,
> Lui faisait une tente fraîche
> Des présens en son nom offerts ;
> Puis, sans beaux jours, lui, sans enfance,
> Il prit sa tâche, et, sans défense,
> Jésus comme vous prit les fers.

Jésus-Christ oubliant sa céleste origine,
Assujettit longtemps aux fers sa main divine ;
Pasteur, il fit les pieux de son divin bercail ;
Avant de révéler son Eden de mystère,

Il voulut remontrer cette loi de la terre,
Et comme Dieu son père enseigna le Travail.

    Gardez en vous, Jésus, mes anges;
    Qu'il soit l'étoile de secours,
    Le guide de ces maux étranges
    Préparés pour vos nouveaux jours;
    La lampe divine et secrète
    De ce temps sombre qui s'apprête,
    De la nuit qui peut vous couvrir;
    Au moins, si faiblissait votre âme,
    Que Jésus vous donne sa flamme
    Pour vous empêcher de périr!

— Communion, enfans : gardez cette parole.
Quand le prêtre vêtu de la splendide étole
Faisait du sacrement la consécration,
Alors tous enlacés devant la sainte able,
Ne faisant plus qu'un corps pour ce mets désirable,
Vous étiez réunis par la Communion :

Eh bien, comme devant l'offrande
Que pour vous l'on faisait à Dieu,
Qu'une piété sainte et grande
Vous lie encor du même nœud.
Ce n'est plus à la sainte table
Que votre jeune âme équitable
Aspire avec ambition :
Mais pour le pain de la souffrance
Comme pour celui d'espérance
Marchez tous en communion !

Unissez-vous, enfans, d'une charité grande.
Car c'est vous désormais qui porterez l'offrande,
L'offre de votre corps sur l'autel de ferveur!..
Aussi, par la douleur loin de faire divorce,
Resserrez votre nœud avec amour et force,
Et marchez, un encor, comme l'Homme-Sauveur.

II.

Vous allez donc joyeux au sort qui vous réclame.
Enfans, c'est bien : allez. Mais peut-être dans l'âme
Sentirez-vous bientôt maints chagrins, maints regrets ;
Peut-être que, ployé sur un travail pénible,
Direz-vous, étonné : — Mon Dieu! mais c'est horrible!
Quoi! je ferais cela? mais, Seigneur, j'en mourrais!

Mais quoi! m'assujettir, me tuer la pensée,
Courber sur l'établi ma poitrine oppressée ?...
Oh! ma mère, de l'air! du repos! du soleil!
Ce n'est pas un état qu'il me faut, ô ma mère!
Reprenez-moi vers vous, la vie est trop amère,
Je ne supporterais pas un fardeau pareil!... —

Mais il sera trop tard ; mais votre pauvre mère
Ne pourra contenter cette belle chimère
Qu'alors vous sentirez forte au cœur, forte au front!

Mais vous aurez beau dire : — Oh! moi, je suis poète !
Oh! moi je suis artiste!..— Oui, mais sourde, muette
Votre mère entendra : ses pleurs seuls répondront !

Car c'est sa pauvreté qui vous éloigna d'elle!
Car vous vîntes trop tôt pour que plus paternelle
Une institution vous place à votre rang!...
Il faudra donc souffrir, supporter votre tâche,
Et tenir le marteau, le rabot ou la hache,
Vous qui vous sentirez quelque chose de grand !

Il vous faudra, grand Dieu, vous l'homme au front sublime
Travailler de vos mains, travailler de la lime,
Vous créé pour tenir la plume ou les pinceaux !...
Eh bien, oui, mes enfans, il faudra ce courage,
Oui, renoncer à l'art, oui, vous faire à l'ouvrage,
Oh ! vous sentirez bien de violens assauts !

Mais c'est là, mes enfans, que Jésus votre Maître
Devra vous soutenir, devra vous apparaître,

Lui Pasteur émondant les pieux de son bercail;
Main divine affrontant cette fatigue immonde;
Retraçant de nouveau la sainte loi du monde;
Lui, pour premier exemple enseignant le Travail !

Enfans, ce sera là que, plein de cet exemple,
Vous pourrez vous bâtir les premiers pas du temple
Qui vous élèvera jusqu'au céleste lieu;
Et que, pour un instant voilant votre chimère,
Il vous faudra crier : — Pardon! pardon, ma mère!
Oui, je travaillerai : je ferai comme Dieu ! —

Il faudra donc, d'abord esclave,
   Vous résigner, — être vainqueur;
Fouler pour un instant la lave
   Vous brûlant par regrets au cœur.
Par l'amour couvrir cette flamme;
Bien penser à la pauvre femme
   Que vos regrets pourraient tuer.

A vos maîtres être docile,
Vous ployer, vous courber, facile;
Sous le joug vous habituer.

Ecoutant la voix dominante
Du maître, éphémère oppresseur,
Lui taire votre âme grondante,
Le désarmer par la douceur;
Calme, supporter l'injustice
Pour qu'un sentiment l'avertisse
Que sa volonté se méprend,
Pour que sa despote puissance
Morte par votre obéissance
Lui fasse dire : — Il est trop grand.

Obéissance, enfans; courage.
Jamais ne vous plaindre tout haut.
Vous appliquer à votre ouvrage
Pour être délivré plus tôt.

Le maître ne s'emporte guère

Devant l'esclave non vulgaire

Qui lui rapporte force argent ;

Et votre tâche large faite,

Sa voix parlera satisfaite,

Et d'un ton toujours obligeant.

Alors au bout d'un temps, quand votre main plus sûre

Pourra payer trois fois la maigre nourriture

Et le lit avancés pour votre pauvre corps ;

Quand ouvrier déjà — quoique pas encor libre

Vous pourrez établir ce menteur équilibre ;

Vous penserez à vous alors.

Alors, pauvres enfans, vous direz bien au maître

Qu'on n'est pas animal, mais qu'Homme l'on doit être ;

Que l'artisan doit prendre un peu de ces talens

Qu'enseigna le bon Dieu pour délasser tout homme ;

Et puisque pour apprendre il ne faut nulle somme,

Qu'au moins il vous laisse le temps.

Alors au dur travail ayant pris habitude,
Il vous sera bien doux le travail de l'étude !..
Sur les bancs de l'école, une heure ou deux, le soir,
Vous irez, mes enfans, oublier l'heure amère,
Fortifier alors votre ardente chimère,
  La renourrir par le savoir !

Car, enfans, disons-le ; pour tous est la science,
Maintenant ; à qui veut ; à qui prend patience ;
A qui le bon vouloir au courage s'unit.
La science est pour tous ; l'école est grande ouverte ;
Au plus pauvre artisan une place est offerte :
  Allez, — le pire est aplani.

Oh ! il faut bon vouloir, sans doute, et grand courage...
Mais, enfans, n'est-ce pas le rêve du jeune âge
Que vous poursuivez là, que vous tentez encor ?
Et puis, quel doux bonheur, si, pour prix de l'étude,
Pour ce travail produit en toute solitude,
  Vous gagniez la couronne d'or !

Quel doux bonheur, enfans!.. à votre pauvre mère,
Vous diriez : — Tiens, voilà le but de ma chimère;
L'artisan est vainqueur, l'ouvrier couronné !...
Ma mère! c'est bien vrai qu'il faut travailler, calme,
Puisque, quoique ouvrier, je remporte la palme,
  Premier prix à mes maux donné ! —

Ainsi, pauvres enfans, en imitant Dieu même,
En suivant Jésus-Christ, cet exemple suprême,
En travaillant d'abord, vous vous serez grandi ;
Comme Jésus, donnant l'exemple transitoire,
Vous aurez sur le front un beau rayon de gloire
  Pour vous guider fort et hardi !

  Ainsi, front ceint de l'auréole
  Gagnée aux luttes de l'école,
  Vous prendrez encouragement;
  Vous poursuivrez votre pensée,
  Votre route déjà tracée,
  Et d'un premier couronnement.

Enfans, vous ferez votre ouvrage
Toujours avec même courage,
Toujours aussi patiemment.
Puis, votre journée accomplie,
Votre tâche une fois remplie,
Vous reprendrez votre élément.
Vous gagnerez la solitude,
Le lieu favorable à l'étude,
Au travail, au recueillement.
Là, tout à votre fantaisie
De science ou de poésie,
De peinture ou d'enseignement,
Vous étendrez libre votre âme ;
Vous épancherez cette flamme
En un profond délassement.
Aux principes restant fidèle,
Vous vous guiderez du modèle
Pour ne point faire aveuglément.
Et de vous ayant la croyance,

Pour professeur la conscience,

Pour juges votre jugement,

Seul, vous vous grandirez vous-même,

Vous atteindrez le but suprême,

Le jour du plein couronnement!

Car, enfans, croyez-le ; l'âme prédestinée

Ressort toujours vainqueur d'une lutte obstinée,

Des obstacles livrés pour lui barrer le jour.

Celui que Dieu choisit peut souffrir, peut attendre ;

Mais le jour vient enfin, et Dieu sait bien lui rendre

    Ce que lui gardait son amour !

Croyez-le bien, enfans. Un seul homme a peut-être

Souffert, lui, sans beaux·jours : c'est votre divin Maître,

C'est Jésus, jusqu'au fond buvant l'urne de fiel :

Mais il était Jésus, souffrit tout pour apprendre,

Et si rien d'ici-bas ne lui fit un jour tendre,

    Il eut son jour là-haut, au ciel !

Mais non, mes beaux enfans ! sur votre blonde tête
Luira pour vous ici le beau soleil de fête;
    Vous serez bien heureux.
Car vous aurez l'amour, le conseil, l'espérance,
Qui vous protègeront dans vos nuits de souffrance,
    Dans vos jours ténébreux.

Vous aurez les doux mots d'une âme bien aimée,
Le souffle inspirateur de votre âme charmée,
    La muse de vos chants !
Beauté que vos regards couvriront d'un blanc voile,
Que vous retracerez divine sur la toile,
    Ou dans des vers touchans !

Vous aurez le conseil de l'homme de génie,
Ame à laquelle un jour votre âme s'est unie,
    Qui chez lui vous admit !
Doux Mentor relevant votre inexpérience,
Corrigeant vos débuts, vous disant : — Patience,
    Travaillez, mon Ami !..

Oh ! le génie, enfans, cherchez sa main divine ;
Lui seul est indulgent, lui tout seul nous devine ;
  Aigle au regard profond,
D'un coup d'œil il nous voit, pénètre sous l'écorce,
Et sait trouver le cœur, et sait trouver la force,
  Et prédit votre nom !

Recherchez le génie. — Oui, dans votre souffrance,
Dans vos jours ténébreux, vous aurez l'espérance,
  L'amour et le conseil.
Et plus vous marcherez, et moins vous aurez d'ombre,
Et plus s'aplanira la route qu'on décombre,
  Plus luira le soleil.

Les temps viendront, enfans, où, dans sa fantaisie,
Tel artisan pourra jeter sa poésie,
  Tel autre son dessin ;
Que le monde sera la commune corbeille
Où viendra se porter le miel de toute abeille,
  La ruche à tout essaim ;

Que l'artisan sentant une féconde idée
Pourra la proposer pour qu'elle soit vidée,
    Qu'on lui dise : — Produi !
Car celui qui travaille a cet instinct suprême
De l'invention, mais, pauvre, adieu son systême ;
    Tout projet meurt en lui.

— Il viendra donc un temps, une époque tracée
Où sera libre enfin de chacun la pensée,
Où cette égalité ne sera plus un mot ;
Où l'utile artisan sera de même un homme,
Qu'il ne ramera plus toujours bête de somme
Sans ce délassement que pour chacun il faut.

Il viendra donc un temps où l'artisan lui-même
Pourra se délasser sous cet arbre suprême,
Pourra se reposer sous ce saint abri : — l'Art.
Qu'ouvrier, il pourra de même avoir la gloire

D'être applaudi, chanté, gardé dans la mémoire
Pour son œuvre d'esprit livrée à tout regard.

Mais écoutez, enfans : il faut y prendre garde ;
L'orgueil aussi souvent faussement se hasarde ;
Ce que Dieu fait de bien, l'orgueil, lui, le détruit.
Il est le talent faible et la faible harmonie,
Dons consolans du ciel, mais bien loin du génie,
Ne produisant toujours qu'un éphémère fruit :

Eh bien, ces dons, enfans, on les tourne en misère ;
On dit qu'on est trop grand pour ramper sur la terre,
Trop grand pour travailler. Eh bien, ces dons de Dieu,
Au lieu d'être un soutien, une douce ressource,
Un glorieux moyen de grossir votre bourse,
Ces dons vous font traîner la misère en tout lieu.

Ainsi meurt un pays. Ainsi naît la souffrance.
L'orgueil, c'est un peu là le mal de notre France.
Des travaux journaliers l'on fait bien peu de cas ;

Le fils du laboureur abandonne la herse,
Le fils du commerçant rejette le commerce,
Pour être hommes de l'art, — médecins, avocats.

Aspirant tout d'abord aux dignités premières,
Ils s'inquiètent peu de leurs faibles lumières,
De leur peu de talent pour pouvoir parvenir.
Planer ! planer ! C'est là d'abord leur point de mire;
Vouloir s'élever haut, vouloir qu'on les admire; —
Sots, à qui Dieu fait bien justice en l'avenir.

— Je vous l'ai dit, enfans : il est le vrai génie.
Si votre front est ceint de la marque bénie,
Vous parviendrez, croyez : Dieu veille sur son nom.
Vous n'avez pas eu jeune une main paternelle
Pour sonder votre force et mesurer votre aile :
N'importe ! vous avez votre avenir au front.

Alors quand proclamé roi d'une voix commune
Vous aurez donc atteint votre ciel de fortune,

Alors vous serez tout à vos travaux d'élu ;
Mais si vous n'êtes bien qu'homme du second ordre,
Il ne vous faudra point transformer ni point tordre
En tourmens ce que Dieu de dons vous dévolut.

Il faudra de ces dons vous faire une ressource,
Un glorieux moyen de grossir votre bourse,
Un refuge suprême et providentiel ;
Vous faire du produit des jeux de la pensée
Un abri pour le soir à votre âme épuisée ;
Pour vos derniers momens une tente de miel.

De ces dons bienheureux de votre intelligence,
Vous faire un doux repos à vos travaux d'urgence.
Un élément d'amour, d'ordre et de piété ;
En avancer ce jour, ce temps qui nous doit luire,
La sainte fusion qui se doit reproduire
— Et faire du pays une société.

Donc que jamais l'orgueil contre vous ne se ligue.
Homme d'esprit, du corps supportez la fatigue.

Travaillez et chantez ! Les temps seront plus doux.
Ouvrier, vous aurez le repos, le bien-être !
Mais travaillez surtout ; suivez le divin Maître ;
Et, fils de l'Avenir, l'Avenir est à vous !

III.

Partez donc, mes enfans. — Mais… écoutez encore.
Sur vous n'a rayonné que l'ineffable aurore ;
Vous n'avez pas encore affronté le grand jour ;
Vous ne savez du monde et de la vie amère
Que ce qu'à votre cœur en a dit votre mère,
  Avec sa voix d'amour !…

Vous candides et purs, que nul doute n'éveille,
Qui dans ces jours passés voyiez chaque merveille
Que le Seigneur écrit sur la terre, en les cieux ;
Vous qui, libres, glaniez du bon Dieu les largesses,
Qui le soir au ciel bleu paré de ses richesses
  Ouvriez de grands yeux ;

Qui, trouvant, suspendus en l'épaisse charmille,
Le gîte où des oiseaux s'élève la famille,
Surpreniez au Seigneur ses secrets de bonté ;
Qui voyiez au printemps ceint de sa robe verte
La main du Tout-puissant dispenser grande ouverte
  Au vallon sa beauté ;

— Vous qui de l'Évangile avez votre âme pleine,
Qui, pleurant, avez vu cette âme surhumaine,
Jésus-Christ, jusqu'au bout supportant sa douleur ;
Ne trahissant jamais sa douceur infinie,
Disant pour ses bourreaux, sur la croix d'agonie :
  « Mon Dieu ! pardonnez-leur ! »

Vous encor, mes enfans, à qui ma voix rappelle
Qu'il faut avoir Jésus pour image éternelle,
Pour guide souverain en toutes actions ;
Eh bien ! que va-t-il donc se passer en votre âme,
Quand vous allez ouïr sur ce Dieu, votre flamme,
  Des imprécations !

Des imprécations ! Eh bien, oui, pauvres anges.

Oui, vous allez ouïr ces paroles étranges;

Oui, des infortuués maudiront votre Dieu !...

Et non seulement lui, mais aussi la Nature,

Mais aussi l'Éternel ! ils diront : — Imposture !

— Et sans avoir lieu.

Car à la ville, enfans, tout comme en la campagne,

Dieu partout se révèle, et Dieu nous accompagne,

Et se montre toujours à celui qui le veut.

Et sans en avoir lieu que leur blasphème vibre;

Car, en religion, chacun est vraiment libre;

Le prêtre impose peu.

— Voyez-vous, mes enfans, il est des cœurs de roche

Où tout bon sentiment meurt dès qu'il les approche;

Des cœurs ingrats et sourds ne voulant rien savoir;

Par là se dérobant à la reconnaissance;

Mais on ne les vient pas contraindre par puissance,

Rechanger par pouvoir.

On ne leur dit pas : — Crois ! révoque ta parole ! —
Le hasard est leur Dieu, le hasard leur Idole,
Le hasard a tout fait (c'est stupide, pas vrai ?
Le hasard Créateur, le hasard le grand Être,
Le hasard Éternel !.. Cela pourrait-il être ?..)
    On les laisse, à regret.

Ils ne devraient donc pas, eux, crier — Imposture !
Devant l'homme priant l'auteur de la nature,
Devant l'homme priant au pied du Christ en croix ;
Laisser libre chacun comme on les laisse libres.
Mais non, voyez-vous bien ; ce sont des cœurs sans fibres,
    Ce sont des fronts étroits.

Ils blasphèment toujours, car un mal les dévore ;
Car ils sont malheureux puisque leur cœur ignore.
Aussi, loin de faiblir et loin de vous troubler,
Bien loin que votre foi ne chancelle en vous-mêmes,
Qu'au contraire ces cris, ces horribles blasphèmes
    La fassent redoubler.

Dites : — S'attaque-t-on à rien ? Non, divin Maître !
Mais on s'attaque au Dieu qu'on ne veut reconnaître,
Qui vous obsède, lui, parce qu'il est puissant,
Qu'il voudrait à la fin que sa grâce vous touche ;
Mais vous, obstinés, sourds, vous n'avez à la bouche
  Qu'un outrage incessant ! —

Ainsi, mes chers enfans, en vous vous rendant compte
Des blasphêmes, des cris, que votre foi surmonte
La folle impiété des esprits belliqueux.
Ecoutez-les, muets, doux, avec patience.
Montrez par la douceur due à votre croyance
  Que vous valez mieux qu'eux !

Oh ! Douceur, mes enfans ! Respect ! Charité grande !
Faites-vous de ces mots une sainte légende
  Vivante en votre cœur !
Douceur, pour qu'à son Dieu le rebelle se rende !

Charité pour celui qui rejette l'offrande

    D'un sourire moqueur ;

Car après avoir dit — Non ! — à l'humble demande,

Le démon peut venir, et qu'alors l'homme entende

    Un appel trop vainqueur !

Ainsi, mes chers enfans, vous verrez en la ville

Tels hommes au Seigneur d'un esprit indocile

    Se tuer de leur main !...

Oui, des infortunés qui, ne voulant pas croire,

Ne voulant pas garder Jésus en leur mémoire

    Pour guide du chemin,

Mais du démon suivant la pensée infernale,

S'en iront engloutir dans une onde fatale

    Leur écorce d'humain !

Et quel grand crime, enfans ! quelle action extrême !

Déterminer sa mort ! attenter à soi-même !

    Oh ! c'est bien criminel !

Déchirer l'enveloppe où Dieu mit son essence,

Le corps que le Seigneur fit à sa ressemblance,
>   En un soin paternel !

Oui ! mais plaignez, enfans, plaignez bien la victime ;
Car c'est qu'un jour encor le démon de l'abîme
>   A vaincu l'Éternel !

Respect donc, mes enfans ! Et respect à la tombe.
Respect quand votre frère à la douleur succombe,
>   Qu'il redevient limon.

Oh ! sans doute c'est peu que de nous la dépouille
Se dévorant plus tôt que ne le fait la rouille
S'étendant sur la pierre où s'éteint notre nom !...
Oui, mais ces restes saints, il faut que l'œil les mouille ;
Il faut sur le tombeau que l'homme s'agenouille ;
Qu'il rende l'âme au corps ; — qu'il ne sépare point
>   Ce que Dieu même a joint. —

Respect — et grâce, enfans. — Voyez-vous bien, mes anges,
La ville où vous allez a des choses étranges,

Des vices inconnus qu'il faut vous révéler.

Ainsi, passant le soir près d'une maison sombre,

Surviendra sourdement auprès de vous une ombre

  Qui voudra vous parler ;

Cette ombre portera du vice tout l'emblème ;

Elle aura la voix rude et le visage blême,

Et vous montrera nus ses membres desséchés :

C'est une femme, enfans, de vie humiliante ;

Mangeant en tous ses jours un pain couvert de fiente

  Pour ses nombreux péchés :

Enfans ! passez bien vite et vous éloignez d'elle ;

Mais grâce, mais respect pour la pauvre infidèle !

Pour cette âme déchue et pour ce pauvre front !

Grâce, mes chers enfans, car sa vie est amère,

Car cette pauvre femme elle n'a pas de mère

  Pour lui sauver l'affront !

Grâces donc, mes enfans ! — Et puis grâces encore

A ceux qui, tout rongés d'un mal qui les dévore,

S'en viendront devant vous stupides par le vin ;

Charité pour ceux-là, pour ce pauvre esprit gauche

Qui croit noyer ses maux au sein de la débauche

  — Et recommence en vain.

Charité, mes enfans, pour tout mal, pour tout vice.

Ne vous laissez jamais aller à l'injustice.

Si vous vous êtes purs, saluez l'Éternel.

Si vous vous êtes forts, oh ! que par l'indulgence

Se montre la grandeur de votre intelligence

  — Que vous donna le ciel.

Allez donc, mes enfans. — Et jamais d'ironie.

Car vous verrez encore en la ville infinie

De pauvres malheureux infirmes par le corps,

Des hommes ébauchés, d'incomplètes natures,

Des âmes vêtissant un vêtement d'injures,

  Bien laides au dehors :

Oh ! alors charité ! Vous êtes beaux, mes anges,

Et vous ne saurez pas ces tortures étranges

Que l'âme souffre ainsi, sous ce corps de laideur !
Mais voir toujours passer devant soi bien des charmes,
Mais n'avoir pour aimer que son cœur et ses larmes,
    Que sa vive candeur,

Que son amour profond qu'on blesse et qu'on dédaigne,
Oh ! c'est le désespoir, la haine qu'on s'enseigne !
C'est un tourment du cœur qui vous rend plein de fiel !...
Aussi, vous, charité pour ces pauvres victimes ;
Pénétrez consolans en leurs chagrins intimes ;
    Versez-leur comme un miel !

Consolez-les, enfans ! respectez-les, mes anges
Donnez-leur d'amitié de durables échanges ;
Plus de douceur pour eux encor plus que pour tous ;
— Afin que votre amour en leur venant en aide
Les récompense un peu de la nature laide
    Qui les rend si jaloux !

Croyez-le bien, enfans ; c'est Dieu qui se confirme
En laissant subsister une nature infirme

Qu'il pourrait s'il voulait du doigt anéantir ;

Mais, tout en préparant un doux prix aux victimes,

Il veut faire exercer les sentimens sublimes

  Que nous devons sentir.

C'est pourquoi, mes enfans, si souvent la tempête,

Si souvent le malheur grondant sur notre tête :

Sachez vous affermir, sachez vous rallier ;

Et l'effet du malheur ne sera qu'une atteinte,

Qu'un avertissement de la Puissance Sainte

  — Qu'il faut toujours prier.

C'est pourquoi, mes enfans, toujours un en la vie,

Il faut vous apprêter au sort qui vous convie,

Toujours vous enlacer d'une communion ;

Ne jamais oublier que vous êtes des frères ;

Ne jamais vous quitter, quand même en sens contraires

Tournerait de chacun la destination ;

Quand même en l'Avenir l'un de vous, vrai génie,

Couronné roi de l'art et roi de l'harmonie,

Aurait atteint son but de prédilection ;

Vous souvenant toujours, qu'issus de même source,

Ensemble vous avez commencé votre course,

Ensemble partagé l'heure d'affliction ;

Vous souvenant toujours que, jets de même essence,

Vous devez au Seigneur toute votre puissance,

    Toute votre soumission.

Ainsi, les rencontrant aux portes du village

Où leurs mères priant pour leur commun voyage

Les abandonnaient seuls à la merci du sort,

Ainsi, les rassemblant sous le ciel libre encor,

Et dérangeant un peu leur joie aventureuse

De posséder enfin Paris — la ville heureuse,

Paris plein de splendeur, de charme et de loisir —
Mais qui dans ses besoins s'en allait les saisir,
Qui sous ses fers pesans et ses rudes entraves
Les allait séparer et les clouer esclaves ;
Ainsi, les préparant dans le vrai de leur sort,
Et, sans glacer par trop leur amoureux essor,
Leur dévoilant la vie et le fait de leur rêve,
Debout au milieu d'eux sur cette aride grève
Où leur pied tendre encor s'essayait à tenir,
Il les prédisposa pour le dur Avenir...

O Christ ! ô roi des rois de l'Humanité reine !
Il mit devant leurs yeux ta majesté sereine,
Il t'évoqua toujours pour guide dans leur vœu !..
Ainsi qu'en le désert la colonne de feu
Annonçait le chemin au peuple de Moïse,
O Dieu Christ, pour gagner cette terre promise
Echue au bout du champ de sable et de limon,
Il fit devant leurs pas marcher toujours ton nom !

Hélas! l'ont-ils gardé d'une raison fervente?
Se sont-ils pris, hélas, dans cette onde mouvante
Que cette heure soulève en flots engloutissans?..
Et quand à leurs côtés les cris retentissans,
Cris de haine et de guerre et de révolte basse,
N'ont cessé de remplir et d'entraver l'espace,
Sourds et vainqueurs encor par les chemins épais,
N'ont-ils envisagé que ton regard de paix?
Et n'ont-ils entendu que cette voix clémente
Qui, les poussant toujours par la route écumante,
Toujours les soutenant d'un exorde pieux,
Ne trouvait l'oasis qu'à ton front radieux?

Et si jusqu'à ce temps leur pas s'est gardé ferme,
Si voyant de ce jour comme poindre le terme,
Actifs, rêveurs, croyans, du but touchant le seuil,
Soudain un autre cri de terreur et d'orgueil,
Surgissant ombrageux sous la voûte étoilée
Leur ferme de nouveau l'oasis appelée,

Et, cernant de remparts le chemin à leurs pas,
Les refoule asservis et séparés, hélas!
Des peuples appelés à leur devenir frères;
O Christ, malgré les freins, malgré les lois contraires,
Garderont-ils encore assez de ta vertu
Pour ne point retomber en leur cœur abattu?
Et l'Art, et la Science, et la Croyance forte
Les tenant dédaigneux devant la vaine porte
Elevée à grands frais sur le génie humain,
Les feront-ils encor poursuivre leur chemin?
Et se souviendront-ils, ô Majesté sereine,
Que sans combats livrés, sans luttes dans l'arène,
Par un seul chant d'amour que va gonflant l'écho,
Tombent aux yeux de Dieu les murs des Jéricho?

Mars — Avril 1837 et Février 1841.

TABLE.

TABLE.

Préface.	5
A Victor Hugo.	9
Du Poète à la Muse.	11
La Source.	15
Lilas-Croyance.	21
Révélation de l'Esprit. I.	23

Globes, Cerceaux et Ballons...................	27
D'un Pont...........................	31
Révélation de l'Esprit. II	33
De l'Impassibilité du Ciel...................	39
Le Refuge. — A Madame V. H...............	45
De la Joie dans le Deuil...................	37
De l'Orage........................	49
Révélation de l'Esprit. III................	55
Les Hirondelles. — A Louis Boulanger..........	63
Le Rayon.........................	67
D'un Tableau. — A Louis Boulanger...........	71
Marguerites-Illusions. I	81
De l'Église........................	83
Marguerites-Illusions. II.................	87
Sur un vieux livre prêté. — A Mademoiselle L. V. H.	89
Sur les Comédies de Pierre Corneille...........	91
Poinsinet. — L'auteur du Cercle.............	95
Par les vieilles rues. I..................	97
Le Sillon.........................	99
Par les vieilles rues. II.................	103
Vigne-vierge.— Poésie. — A Eugénie P..........	105
Par les vieilles rues. III. — A Madame Marie N. M...	109

Des Poètes...	119
Sur les poésies de La Fontaine....................	125
D'un Echec glorieux. — A Victor Hugo............	131
D'un Vieillard...	133
Le Terre-Plain. — A Madame V. H................	137
La Vache..	141
Sur les Epîtres de Boileau.........................	145
Le Guide...	151
Strophes-Liserons. — A Auguste Vacquerie......	157
L'Église. — A Al. de Lamartine..................	161
La Demeure gardée. — A Gabriel V. —...........	165
D'un Désenchantement.............................	169
Marguerites-Illusions. III...........................	175
De la Vie...	179
Fleur-Muse. — A Caroline B. —..................	185
Du Peuple..	189
D'un Bouquet. — A Lucile T. —..................	195
D'une Ombre..	199
A Edouard P. —.....................................	205
Complément. — Le Départ.	207

Fin.

ERRATA.

Page 28 — vers 5, *le ride frais*; lisez : *le rire frais.*

Page 34 — vers 10, lisez : *Le symbole, l'idée.*

Page 36 — vers 15, *Siégeait-il conservé*; lisez : *Siégeait-elle gardée.*

Page 42 — vers 6, *sous un regard* ; lisez : *sans un regard.*

Page 69 — vers 11, *œil d'une cathédrale*; lisez : *orbe de cathédrale.*

Page 111 — vers 11, *penchée au redos*; lisez : *penchée au chevet.*

Page 170 — vers 1, *Et de sots et de bons*; lisez : *Et de sauts, et de bonds.*

Page 180 — vers 7, *accompagnés du jour*; lisez : *accompagné du jour.*

www.ingramcontent.com/pod-product-compliance
Lightning Source LLC
Chambersburg PA
CBHW070654170426
43200CB00010B/2237